FLUX

APRIL RINNE

FLUX

8 superpoderes para fluir y triunfar
ante el cambio constante

EMPRESA ACTIVA

Argentina – Chile – Colombia – España
Estados Unidos – México – Perú – Uruguay

Título original: *Flux*
Editor original: Berrer-Koehler Publishers, Inc.
Traductor: Andrés Ruster López

1.ª edición Febrero 2022

Copyright © 2020 *by* April Rinne
First published by Berrett-Koehler Publishers, Inc., San Francisco, CA, USA
All Rights Reserved
© 2022 *by* Ediciones Urano, S.A.U.
Plaza de los Reyes Magos, 8, piso 1.º C y D – 28007 Madrid
www.empresaactiva.com
www.edicionesurano.com

ISBN: 978-84-16997-56-5
E-ISBN: 978-84-19029-02-7
Depósito legal: B-34-2022

Fotocomposición: Ediciones Urano, S.A.U.
Impreso por Romanyà Valls, S.A. – Verdaguer, 1 – 08786 Capellades (Barcelona)

Impreso en España – *Printed in Spain*

Para Roland y Penny,
sin quienes nunca habría escrito este libro.

Y para Jerry,
mi guía, musa y compañero de viaje.

ÍNDICE

Prefacio 13

Introducción. ¿Quién se ha llevado mi futuro? 17

1. Correr más despacio 51
2. Ver lo invisible 81
3. Perderse 105
4. Empezar con la confianza 127
5. Conocer tu «suficiente» 151
6. Crear tu portafolio profesional 179
7. Ser más humano (y servir a otras personas) 207
8. Dejar ir el futuro 227

Conclusión. Fluir hacia delante 247

Guía de debate 261

Notas 267

Agradecimientos 277

Sobre la autora 283

El cambio es inevitable,
el crecimiento es opcional.

John C. Maxwell

PREFACIO

*Que nada es estático o fijo, que todo es fugaz
y temporal es la primera señal de la existencia.*

PEMA CHÖDRÖN

¿Cuándo fue la última vez que un cambio alteró tu vida?

Supongo que fue no hace mucho. Lo más probable es que haya sido hoy mismo, como muy tarde ayer. Puede haber sido un gran cambio, o uno pequeño. Puede que tú lo hayas provocado, o al menos elegido, o quizá te haya impactado sin que tú supieras de dónde te venía el golpe porque era algo fuera de tu control. Cambios de horario, de trabajo, en tu salud o en el bienestar de tu familia; cambios organizativos, políticos, en el entorno, en las expectativas... todo ello te afecta de cerca.

Por un lado, el cambio es universal e inevitable. Independientemente de la edad, la profesión, la cultura, las creencias, las tradiciones, los objetivos o cualquier otra cosa, el cambio es anterior al ser humano y ha ido moldeando toda la historia. De hecho, es la principal razón por la que estás vivo. Por otro lado, es tan desorientador que a menudo te deja sin rumbo, tambaleándote y a la deriva. Por eso, demasiados cambios desvían tu capacidad de exponerte a la vida en el presente e influyen en tu percepción del futuro.

A los seres humanos nos cuesta mucho el cambio, sobre todo el que no hemos elegido. Nos resistimos a él, le tememos y creemos erróneamente que podemos controlarlo. Pero cuanto más se le intenta mantener a raya, más ocurre y más fuerte llama a la puerta. A pesar de nuestros esfuerzos por evitarlo, el cambio se produce. Y no se trata solo del cambio en sí, sino también del ritmo cada vez más cambiante de hoy en día, que hace que todo parezca implacable, a veces incluso demasiado.

Parece que a estas alturas ya deberíamos haber alcanzado la cima del cambio, ¿no? Pero la realidad es que a la vuelta de cada esquina —ya sea esta tarde, la próxima semana, el próximo trimestre, el próximo año o siglo— aguardan más cambios. El futuro no es más estabilidad ni más certeza, sino más incertidumbre, más imprevisibilidad y más incógnitas.

Para prosperar en este mundo en constante flujo, tenemos que reformar radicalmente nuestra relación con la incertidumbre y escribir otro guion (no te preocupes, aprenderás lo que significa) para mantener una perspectiva saludable y productiva. *Flux: 8 superpoderes para fluir y triunfar ante el cambio constante* te muestra cómo hacer exactamente esto, y también cómo ayudar a otros a hacerlo. Este es un libro para compartir, revisar y prestar cuando el cambio vuelva a golpear. No es un libro sobre la «gestión del cambio» ni sobre ningún tipo de cambio. Se trata más bien de reorientar nuestra actitud hacia la incertidumbre y lo desconocido, y de aprender a ver hoy, mañana y de aquí en adelante cada cambio como una oportunidad, no como una amenaza. En otras palabras, *Flux* es un libro para este tiempo y para todos los tiempos.

En parte guía personal, en parte hoja de ruta estratégica y en parte lienzo en blanco para el descubrimiento, *Flux* proporciona una visión refrescante y poco convencional para navegar por el flujo presente y futuro. Cada uno de los ocho superpoderes te ayudará a ver de forma diferente, te conectará con tu verdad y te permitirá prosperar, independientemente de los cambios que se produzcan.

Ya sea que estés dirigiendo una organización o un equipo, construyendo o repensando tu carrera, forjando nuevas relaciones, buscando la paz o, simplemente, sintiéndote inseguro sobre qué hacer a continuación, obtendrás herramientas y conocimientos sobre cómo pensar, aprender, trabajar, vivir y liderar mejor con una mentalidad Flux. *Flux* te muestra cómo frenar el ritmo responsablemente, identificar lo que realmente importa, tomar decisiones sabias y dejar ir el resto. *Flux* desafía tus suposiciones y expectativas de forma que te permite asomarte al futuro con esperanza en lugar de con miedo, y te da claridad y confianza papa apoyarte en lo que te hace ser tú.

¿Estás preparado?

INTRODUCCIÓN

¿QUIÉN SE HA LLEVADO MI FUTURO?

«April, ¿estás sentada?».

A primera hora de la tarde del 6 de junio de 1994, me encontraba en el vestíbulo de una casa de estilo victoriano en Oxford, Inglaterra, donde vivía con un grupo de estudiantes de todo el mundo. Había pasado la tarde lavando mi ropa y haciendo el equipaje, preparándome para guiar un viaje de estudiantes durante el verano. El sol reverberaba sobre la ventana con vistas al jardín. Me quedaba un año más de universidad y estaba muy emocionada por esa próxima aventura.

La voz en el teléfono era más firme que otras veces: «April, necesito que te sientes».

Mi hermana había llamado de repente desde el otro lado del mundo. No estábamos muy unidas y no entendía por qué llamaba. ¿Es que no sabía que tenía muchas cosas que hacer antes de partir?

«April, mamá y papá murieron ayer en un accidente de coche. Tienes que volver a casa ahora».

Me senté. Los ojos se me pusieron vidriosos. El suelo cedió bajo mis pies. Intenté gritar, pero no me salió nada. Luego lo intenté de nuevo, y la casa se estremeció.

Ya te imaginarás hacia dónde se dirige esta historia: todo mi mundo se puso patas arriba (hoy diría que se puso en marcha). Me habían arrancado mis raíces y las luces que me guiaban se apagaron. En ese momento, el tiempo se detuvo: el futuro iba a ser muy diferente de lo que yo había pensado, o de lo que mis padres habían imaginado, o de lo que parecía que iba a ser un año antes, incluso, una hora antes.

En ese momento, mi hermana y yo estábamos suspendidas sobre lo desconocido, sin saber realmente qué hacer a continuación. Nunca me imaginé que tantas otras personas se hubieran sentido así en algún momento.

NUESTRA NUEVA NORMALIDAD DE AHORA EN ADELANTE

Avancemos hasta el presente, una época que se recordará en nuestro país y en todo el mundo. A nivel mundial, hemos sido testigos de la peor pandemia desde 1918, de algunas de las dificultades económicas más graves desde principios de los años 30, de la mayor inseguridad alimentaria en décadas y de una catástrofe climática sin precedentes en la historia moderna de la humanidad. En Estados Unidos, a esto se le han sumado tensiones sociales de una magnitud que no se veía desde 1968. Cualquiera de estas crisis por sí sola sería suficiente para que todo se tambaleara, pero que todas ellas ocurran al mismo tiempo… es algo totalmente distinto.

Estamos viviendo en un mundo en transformación. El lugar de trabajo está en constante cambio; el clima se transforma; las organizaciones y las carreras profesionales también. La educación, el aprendizaje y las escuelas se renuevan. La salud pública está en ese mismo proceso, al igual que la salud planetaria y la cohesión social. Los mercados financieros fluctúan.

Los patrones climáticos son cambiantes. La vida familiar fluye. La democracia fluye. Los sueños fluyen. Las expectativas fluyen. Y no me cabe duda de que se podrían añadir varios ejemplos más a esta lista. Solo el alcance de lo que está cambiando y es desconocido resulta a la vez asombroso y desalentador.

Y no es únicamente lo que está cambiando, sino la rapidez con la que evoluciona el mundo que hemos conocido. El ritmo del cambio nunca ha sido tan rápido como ahora y, sin embargo, es probable que nunca vuelva a ser tan lento [1]. (Haz una pausa y deja que esto se aposente en tu mente, yo esperaré).

El mundo parece estar del revés; no solo por la pandemia, los catastróficos desastres naturales, el próximo año académico o un trabajo en el limbo. Pero este libro no es una varita mágica que hará desaparecer estas cosas.

¿Qué es lo que más se está transformando en este momento?

Este es un ejercicio simple para que fluya tu corriente creativa.

1. Sin pensarlo demasiado, escribe una lista de todas las cosas que ahora mismo están al revés en tu vida. Piensa en grande y en pequeño, desde mínimos cambios en las rutinas diarias hasta el futuro desconocido.
2. Clasifícalos, si lo deseas. ¿Ves algún tema en común?
3. ¿Qué sentimientos afluyen en ti? Emoción, ansiedad, curiosidad, confusión… todos son igualmente válidos.
4. Observa si los diferentes tipos de cambios producen en ti respuestas diferentes, o si estas cambian según el momento.

Mantén esta lista mientras lees este libro.

Este libro se basa en el simple hecho de que a la vuelta de cada esquina hay más cambios esperando. El futuro no es más estable sino más incierto, porque el futuro en sí mismo es cambiante.

Los seres humanos no estamos acostumbrados a este grado de volatilidad. Podemos ser increíblemente adaptables cuando nos vemos obligados a ello, pero, en general, preferimos la estabilidad y la familiaridad. Incluso las personas que aceptan el caos tienden a hacerlo porque confían en que algunas cosas no cambiarán. Sin embargo, si la incertidumbre es nuestra «nueva normalidad», entonces debemos estar preparados para esta nueva realidad y tener las herramientas necesarias para prosperar en ella. Este libro está diseñado para ayudarte a hacerlo.

¡¿PERO QUÉ ES FLUIR?!

Flujo es un sustantivo que en español se define como la acción y el efecto de fluir[2]. El verbo fluir se aplica al líquido o gas que corre, que está en movimiento y que, por tanto, no permanece igual, sino que está en constante cambio[3]. De ahí que fluir se relacione con la idea de lo no permanente

Tómate un momento para observar tu vida y el mundo actual. En cierto modo, la vida corre a velocidad de vértigo. Parecías tenerlo todo planificado y ahora algo en tu vida se ha estancado o tal vez haya desaparecido; tu empresa tenía una estrategia, tu equipo tenía un plan, tu familia tenía un programa… y todo se ha puesto patas arriba de la noche a la mañana.

Sin embargo, en otros aspectos, es como si el mundo estuviera paralizado, sin que sepamos qué hacer o qué viene después. Y no es solo el mundo, quizá tú también te sientas detenido, frustrado, ansioso y en un limbo.

Tomada en su conjunto, toda esta situación—de aceleración y desaceleración simultáneas, de incertidumbre crónica e incógnitas— puede ser exasperante, desorientadora y desconcertante. Pero no hay que desesperar, es simplemente el momento de aprender a fluir.

NO TODOS LOS CAMBIOS SON IGUALES

No cabe duda de que no hay un solo tipo de «cambio». Los hay grandes y pequeños, internos y externos, personales y profesionales, familiares y empresariales, cambios en la naturaleza y en la sociedad. Pueden ser completamente visibles o casi imperceptibles, pero aun así tienen efectos importantes. Un mismo cambio puede ser maravilloso para una persona y una desgracia para otra. Puede que te guste si transforma tu vida personal, pero lo detestes si afecta a tu lugar de trabajo, o viceversa. Y, por supuesto, puede depender de circunstancias cambiantes.

Hay muchos tipos de cambio que la mayoría de gente acomete de buen grado, incluso con alegría, como iniciar una nueva relación, mudarse a otra ciudad, formar una familia, probar un nuevo deporte, etcétera. Sin embargo, elegirlo es una experiencia muy diferente a sufrir uno que viene impuesto externamente. Hace décadas, la prestigiosa terapeuta familiar Virginia Satir desarrolló un modelo de cambio en cinco etapas que subraya el hecho de que los seres humanos suelen aceptar el cambio siempre que les beneficie [4]. Lo aceptamos de buen grado cuando se nos da una opción y nos gustan los resultados. O como dice el pensador sistémico Peter Senge: «No nos resistimos al cambio, nos resistimos a que nos cambien».

Pero aquí está la cuestión: en general, el flujo del mundo tiene que ver con esos cambios que no se pueden elegir, que no se puede optar por ellos; simplemente ocurren, estés o no preparado.

En un mundo ideal, por supuesto, el cambio es una elección, tanto a nivel individual como organizativo. Si tenemos mucha suerte, estaremos preparados porque es un cambio esperado. Pero este tipo de situación ordenada y fácil de afrontar, a menudo incluso bienvenida, refleja solo una parte de los cambios a los que debemos enfrentarnos hoy en día. ¿Qué pasa con el resto? De eso trata este libro.

En un mundo en constante flujo, debemos aprender a sentirnos cómodos con la realidad de que a la vuelta de la esquina hay más cambios, muchos de los cuales son inesperados, están fuera de nuestro poder de elección, o ambas cosas. Se trata de un movimiento que pasa de luchar contra ese cambio a aprovechar y desarrollar el afán por utilizarlo bien.

LA TEORÍA DE FLUX

La transformación del mundo no surgió un día por arte de magia, el cambio ha sido una constante universal desde tiempos inmemoriales. Lo que ha evolucionado con el tiempo ha sido nuestra comprensión del mismo y la forma en que se nos ha enseñado a afrontarlo (o no), ambas impulsadas en gran medida por las normas culturales, las expectativas y las tecnologías disponibles.

Como ocurre con la mayoría de las cosas en la vida, la forma en que pensamos sobre el cambio está influenciada por cómo hemos sido socializados. ¿Dónde, cómo y con quién creciste? ¿Qué te enseñaron que era importante y qué estaba mal visto? ¿Cómo te enseñaron a definir el éxito?, ¿y el fracaso? ¿Te enseñaron a temer el cambio o a aceptarlo?

Todos y cada uno de nosotros, durante toda nuestra vida, hemos seguido de alguna manera un guion. Por supuesto, no hay uno solo, hay innumerables, cada uno de los cuales es único en tu experiencia; aunque esto puede ser difícil de recordar a veces, especialmente si te sientes atrapado en tu cabeza tratando de seguir adelante con tu día a día mientras más cambios llaman a la puerta y entran sin ser invitados.

Tu guion puede estar determinado por el hecho de formar parte de una familia de inmigrantes o de una familia que lleva generaciones en tu ciudad. Puede estarlo por un privilegio inmenso o por un accidente de nacimiento que es lo contrario a un privilegio y te obliga a trabajar más que otras personas. También puede estar determinado por un dolor crónico, un trauma o una salud perfecta, o bien por un sentido de pertenencia, por ser ignorado crónicamente o por una desigualdad absoluta. O tal vez tu guion esté marcado por haber vivido una guerra, tiempos de paz o una crisis existencial.

Aunque el guion de cada persona es diferente, el de todos está conformado por el despliegue de las mismas fuerzas y por la experiencia universal del ser humano. Y, salvo raras excepciones, el tuyo está claro.

Para muchas personas, el guion les dice que trabajen duro y sigan el rumbo, sea cual sea ese «rumbo». Probablemente, te dice que saques buenas notas, que vayas a una buena universidad y que trabajes en una empresa prestigiosa; o puede que diga que sigas los pasos de tus padres. A un gran grupo de personas les dice que el éxito está en lo alto de una escalera corporativa, por lo que deben subirla peldaño a peldaño hasta convertirse en director general. *Voilà*, la definición y la receta para «triunfar».

Ese guion quizá también te enseñe que más es mejor, que la vulgaridad es un signo de debilidad y que el más veloz gana, por lo que debes correr rápido. Puede que te enseñe a ir adonde está todo el mundo —necesitas encajar— y que no se puede confiar en nadie (salvo quizá en la familia de sangre). A menudo te aplaude por conseguir dinero y diversiones. No suele prestar más que una atención pasajera a la Madre Tierra o a la sabiduría ancestral, aunque tiende a ver las nuevas tecnologías como una especie de panacea.

En muchos sentidos, es una guía que te anima a alcanzar los objetivos establecidos por la sociedad. En general, no te pregunta qué quieres, sino que se encarga de ello por ti. Tal vez hayas intentado consultar tu voz interior al respecto, pero el guion la ha ahogado. De hecho, para que el guion funcione, tu voz interior debe estar en silencio.

Por supuesto, estas directrices que conforman tu vida no te lo dicen todo, especialmente cuando eres joven. Por ejemplo, no te dicen que una carrera corporativa puede ser también una especie de escalera mecánica que te puede atrapar. Cuando quieres salir de allí, te encuentras con que estás atrapado, ya sea bajo una deuda de estudios, de pagos de la hipoteca, de un caro alquiler de coche para estar a la altura de tus colegas o de tu próximo ascenso. No te dice que el privilegio es una ventaja en esta escalera mecánica. No te dice por qué es tan difícil para mucha gente subirse a ella ni cuánta gente quiere desesperadamente bajarse de ella.

Para ser justos, el guion que acabo de pintar es un poco estereotipado, y eso es intencionado (hasta hace poco este era un guion abrumadoramente masculino). Entiendo que la realidad es mucho más matizada, pero la cuestión es que cada persona tiene un guion y durante mucho tiempo este se ha mantenido y se ha transmitido tantas veces que se da por sentado.

Y luego la manera en que funcionaban las cosas dio un vuelco y llegó un mundo en cambio. ¡Bum!

Algunos de estos cambios se han estado produciendo durante años, pero hemos estado (o pretendido estar) ciegos ante ellos. Otros han llegado como una locomotora a toda velocidad, dándonos un sobresalto. Algunos han sido difíciles de entender, aunque tu voz interior ya llevaba tiempo sintiéndose incómoda.

Sea como sea, los viejos guiones han llegado a su fin. Tu guion, el mío y el de muchas otras personas ya no sirven para el mundo actual, o podríamos decir que sirven para un mundo que ya no existe. Aun así, tienen una sombra muy larga, porque las antiguas formas de ser y de ver el mundo tienden a permanecer mucho tiempo después de haber perdido su utilidad. Siguen estando en nuestra conciencia y seguimos tomando decisiones de acuerdo con filtros anticuados porque todavía no los hemos cambiado.

Y aquí es donde entra Flux. Individual y colectivamente, estamos en las primeras etapas de la escritura de nuevos guiones adaptados a un mundo en cambio. Mientras que el antiguo guion fue escrito por otros para que lo siguieras, el nuevo está escrito por ti, para que te conviertas en él. Este contiene lo que te fundamenta, te orienta y te hace ser tú, incluso cuando todo lo demás cambia.

La «teoría de Flux» revela las relaciones entre los antiguos y los nuevos guiones, concretamente muestra cómo transformarlos de modo que se adapten al mundo actual de cambio constante. Esta teoría puede resumirse en tres pasos, cada uno de los cuales se explica a continuación y aparecerá a lo largo del libro:

Paso 1: Abrirse a una mentalidad Flux.

Paso 2: Utilizar esta mentalidad para desbloquear los 8 superpoderes Flux.

Paso 3: Aplicar estos superpoderes para escribir tu nuevo guion.

Recuerda: al igual que el antiguo guion es único en cada persona, tu nuevo guion reflejará lo que es único para ti. La teoría demuestra cómo se puede crear una mentalidad de cambio y desarrollar los superpoderes Flux para prosperar, independientemente de los cambios que se produzcan.

LOS ORÍGENES DE LA MENTALIDAD: SISTEMA NERVIOSO, ANSIEDAD Y CRECIMIENTO

Antes de profundizar en la mentalidad Flux, exploremos cómo nuestra mente fija el modo de pensar. ¿De dónde viene nuestra mentalidad y qué la impulsa?

Una de las respuestas proviene de la Neurobiología. Los seres humanos tenemos dos grandes subsistemas nerviosos que funcionan en tándem: el sistema nervioso simpático y el parasimpático. Ambos regulan el mismo conjunto de funciones corporales internas, pero tienen efectos opuestos. El sistema nervioso simpático controla lo que mucha gente conoce como la respuesta de «lucha, huida o congelación» y prepara el cuerpo para una acción intensa, mientras que el sistema nervioso parasimpático busca calmar el cuerpo, lo que a veces se conoce como la función de «descanso y digestión». Normalmente, los sistemas nerviosos simpático y parasimpático trabajan juntos como aliados, cada uno gobierna un conjunto de actividades. A riesgo de simplificar demasiado, si te persigue un tigre, el sistema nervioso simpático toma el control; si estás meditando, el sistema nervioso parasimpático está al mando. Sin embargo, en la mayoría de las actividades ambos actúan combinados.

Nuestro mundo siempre acelerado ha desequilibrado estos sistemas. Concretamente, percibimos cada vez más estímulos peligrosos que presentan más oportunidades para que el sistema nervioso simpático secuestre nuestra capacidad de responder adecuadamente. No nos persiguen tigres, pero nuestros cuerpos responden como si lo hicieran. Cuando percibimos demasiados tigres, perdemos la capacidad de calmarnos.

Hoy en día, no solo nuestros sistemas nerviosos individuales están secuestrados, sino que la ansiedad se manifiesta a todos los niveles: individual, organizativo y social. Muchas personas sienten ansiedad por sus carreras, su familia, su bienestar, sus cuentas bancarias, el futuro de sus hijos o por el momento en que se producirá la próxima calamidad. Sufrimos ansiedad por los valores, la resiliencia, la cultura, el panorama competitivo y la forma de hacer negocios de nuestras organizaciones. A un nivel más amplio, existe una enorme ansiedad social en torno al calentamiento global, la desigualdad, la intolerancia y la injusticia. Además, las tecnologías digitales se correlacionan con el aumento de la ansiedad; de hecho, la mera presencia de tu propio móvil reduce tu capacidad cognitiva disponible [5].

Los líderes de hoy se enfrentan a una avalancha de buenas razones para sentirse ansiosos. Según mi experiencia, la ansiedad y la preocupación forman parte de muchos líderes, si no de la mayoría, a pesar de que no lo expresen externamente. Y aunque uno no se identifique personalmente como persona ansiosa, es muy probable que tenga un colega, amigo o familiar que lo sea.

Yo me veo reflejada. Durante los primeros cuarenta y tres años de mi vida, no sabía qué era no tener ansiedad (solo me di cuenta de ello cuando me pidieron que pensara en mi primer recuerdo sin ansiedad y no tuve ninguno). No solo eso, sino que cuanto más «exitosa» era según los criterios externos, más ansiosa me sentía por dentro. Era una espiral interminable y autosaboteadora.

El miedo, la confusión y la vergüenza que sentía me llevaron a investigar más sobre la ansiedad. Lo que aprendí me bajó a la realidad. Cerca del 10 % de la población mundial sufre de ansiedad diagnosticada, lo que le cuesta a la economía mundial unos mil millones de dólares anuales[6]. En Estados Unidos, esta cifra se eleva a uno de cada cuatro adultos, mientras que el 63 % de los estudiantes universitarios afirman haber sentido una ansiedad abrumadora en el último año[7].

Todo esto era así antes de que una pandemia, las protestas, los desastres naturales, los cierres patronales, la desinformación, el deshielo de los casquetes polares, las tensiones sociales o cualquier otra conmoción que elijas sirvieran para acelerar la pérdida de normalidad.

Por supuesto, hasta cierto punto es natural sentirse ansioso cuando el mundo está en vilo. Pero si nos enfrentamos a un futuro de cambios constantes, debemos tratarlo como una crisis de ansiedad de toda la sociedad: una epidemia tácita de la que no se habla porque mucha gente no quiere creer, aunque las estadísticas y las experiencias cuentan otra historia.

En mi caso, la llamada de atención sobre mi relación con la ansiedad fue también un catalizador para comprender mejor mi tensa relación con el cambio. Ya había estado indagando en el flujo, pero fue esta experiencia la que abrió las puertas a mi aprendizaje y crecimiento. Aquí es donde entra en juego la mentalidad de cambio. Una mentalidad Flux sabe cómo fluir en un mundo que fluye.

PASO 1: ÁBRETE A UNA MENTALIDAD FLUX

El primer paso para poner en práctica la teoría del flujo es ponernos en mentalidad de flujo. Esto significa ver el cambio como una oportunidad, no como una amenaza, ya que este es claro y se basa en tus valores.

Ya hemos visto que el cambio es universal, pero la experiencia que tú tienes de él es personal, contextual y está arraigada en tu guion. Por ejemplo, puede que te guste un cambio que otra persona odia; o lo que a ti te parece un cambio, a otra persona le puede parecer la misma situación anterior, o un cambio que es fácil para otra persona puede ser realmente difícil para ti, y viceversa.

El reto actual es que, en un mundo en transformación, se están rompiendo una gran variedad de guiones. No solo tú: muchas otras personas, si no la mayoría, están teniendo que replantearse radicalmente esto. Seguimos aferrándonos a un guion viejo y anticuado, cuando lo que realmente hace falta es escribir un guion nuevo. Abrirse a una mentalidad Flux es la manera de empezar a hacerlo.

Se puede pensar en esta mentalidad como ese estado de la mente, del cuerpo y del espíritu que te fundamenta y te sostiene cuando todo lo demás cambia. En la práctica, este estado tiene varios elementos esenciales, como son los valores fundamentales, la comodidad con la paradoja y la capacidad de ver la incertidumbre desde un lugar de esperanza en vez de miedo. Ten en cuenta que estos elementos se aplican a nivel personal, organizativo, de equipo, de comunidad y de sociedad. Si bien nos centramos principalmente en tu relación personal con el cambio y en tu propio guion —¿qué es lo que te motiva?—, también podemos imaginar, por ejemplo, casos de cambio organizativo en los que se ponen a prueba los valores fundamentales de una empresa. (Volveremos a examinar estas diferentes capas de flujo a lo largo del libro).

Me llevó tiempo tener mi propia mentalidad Flux y me requirió esfuerzo desarrollarla. Está arraigada en una fe inquebrantable en la humanidad y relacionada con un compromiso de servicio, así como un profundo y claro aprecio por la diversidad. (Como sabrás, estos valores se remontan a mi infancia, aunque todavía tengo que aprender a encajarlos en mi guion). Así que, cuando el cambio me golpea o la incertidumbre me carcome, yo inmediatamente busco la sabiduría de muchas culturas diferentes (no me limito a aquellas en las que me he criado), y tiendo la mano para ayudar a los demás. Estas cosas no resuelven automáticamente mi situación, pero sí le dan forma a mi relación con el cambio: mientras otras culturas me ayudan a mirar de manera diferente, incluidas mis expectativas y objetivos, el servir a los demás subraya la interdependencia de la humanidad y me hace entender mejor la historia de mi vida en su contexto. Ambas acciones tienden a llenarme de esperanza y asombro, en lugar de miedo. Ambas me recuerdan que no hay una sola manera de «hacer» el cambio. Y ambas subrayan que una relación efectiva con el cambio siempre empieza desde dentro. (De nuevo, retomaremos estas ideas a lo largo del libro).

La tabla 1 ilustra cómo se desarrollan algunos de los elementos de la mentalidad Flux de manera más amplia. ¿Cómo se suele ver o pensar en estos temas hoy en día? Si alguno de ellos hace que se encienda una bombilla en tu cabeza, o desencadena una reacción intensa (buena o mala), presta atención porque es una señal que te habla de tu guion actual y de tu relación con el cambio. Yo lo llamo tu «fluidez».

Mentalidad Flux: orientada al cambio

Una mentalidad Flux se basa en el concepto de «mentalidad de crecimiento» desarrollado por la psicóloga de Stanford Carol Dweck hace más de treinta años y aplicado principalmente a la capacidad de aprendizaje de los niños. Una mentalidad de crecimiento refleja «la comprensión de que las habilidades y la inteligencia pueden desarrollarse». Se caracteriza por la creencia de que 1) se puede ser más inteligente, y 2) el esfuerzo te hace más fuerte[8]. Este entendimiento impulsa la motivación y los logros de manera profunda, pero no aborda lo que ocurre cuando se produce el cambio. Es la mentalidad Flux la que da ese paso.

Una de las claves de esta —de hecho, lo que le da un poder tan tremendo en el mundo actual— es su arraigo. Con una mentalidad Flux estás tan arraigado a tus valores y a tu nuevo guion que, cuando el cambio sacude (o incluso golpea) tu mundo, no puedes evitar verlo como una oportunidad. El cambio ya no es amenazante, sino que se espera y, a menudo, se agradece.

Ten en cuenta que estar con los pies en la tierra no es solo tenerlos sobre lo que está debajo de ti o sobre lo que te apoyas: significa tener tanta estabilidad como claridad. La estabilidad te da valor y te ayuda a que confíes; la claridad mejora tu visión, te guía y te ayuda a centrarte. Ambas forman parte de tu orientación al cambio y al mundo, la cual incluye lo que te rodea, lo que está por encima de ti y lo que está más lejos de ti. Esto incluye saber dónde está la ayuda y dónde están los peligros potenciales. Es la base de cómo te desenvuelves en un día, una situación, un lugar nuevo, una conversación delicada o ante un cambio en el mundo en general.

Tabla 1. Abrirse a una mentalidad Flux

CÓMO VES	MENTE ANTIGUA	MENTALIDAD FLUX
La historia de tu vida	Escrito por otros, para que lo sigas	Escrito por ti, para que te lo apropies
La vida	Una escalera para subir	Un río que fluye
La carrera	Un camino a seguir	Una cartera profesional que cuidar
Las expectativas	Determinadas externamente por otros	Determinadas internamente por ti
Los objetivos	Concretos, pero difíciles de alcanzar	Emergentes y a menudo borrosos, pero ricos en oportunidades
Las medidas del éxito	Peldaños de la escalera	Próximos pasos y nuevos conocimientos
El liderazgo	Gestionar y controlar a otras personas, «yo»	Liberar el potencial de los demás y el de uno mismo, «nosotros»
El poder	De arriba a abajo, controlado	De abajo a arriba, disperso
Los colegas	Competidores	Aliados y colaboradores
La visión	Certeza	Claridad
El cambio	Amenaza	Oportunidad
Las emociones asociadas al cambio	Miedo, ansiedad, parálisis	Esperanza, asombro, curiosidad

Tu punto de referencia en la mentalidad Flux

«Encontrar» tu mentalidad Flux no es tan fácil ni tan obvio como podrías pensar. Si lo fuera, no habría escrito este libro y probablemente no lo estarías leyendo. Un modo de empezar es identificando tu punto de referencia en esta mentalidad.

Este punto no es tanto una definición de tu mentalidad Flux como un diagnóstico de tu relación actual con el cambio: tu fluidez. Es una herramienta para guiarte mientras lees este libro, para ayudarte a ver lo que te desencadena (o no), y para identificar qué superpoderes te resultan más útiles. No te preocupes por obtener las respuestas «correctas»: no hay ninguna. Más bien, presta atención a todo lo que surja, incluido los «no sé» y los «nunca había pensado en eso».

Valores-brújula interior

- ¿Qué te da a ti sentido y propósito? ¿Ha cambiado esto a lo largo del tiempo? Si es así, ¿cómo?
- ¿A quién y a qué recurres en momentos de incertidumbre?
- ¿Con quién y con qué te comprometes, pase lo que pase?
- ¿Qué es lo que «te haría ser tú» si te despojaran de todos tus privilegios?
- ¿Qué es lo que «te haría ser tú» si tu casa y tus posesiones más preciadas se quemaran?

Reacciones

- Cuando algo tarda más de lo previsto, ¿te sientes agitado o agradeces el retraso? (Capítulo 1, Correr más despacio).
- Si algo no se puede medir, ¿existe? (Capítulo 2, Ver lo invisible).
- Cuando te equivocas de camino y acabas en un lugar en el que nunca has estado (y al que no tenías intención de ir), ¿te sientes frustrado o intrigado por ese nuevo lugar? (Capítulo 3, Perderse).
- ¿Puedes confiar en una persona cualquiera? (Capítulo 4, Empezar por la confianza).
- Cuando le das un regalo a alguien, ¿es una pérdida o una ganancia para ti? (Capítulo 5, Conocer tu «suficiente»).
- ¿Cuál sería tu identidad profesional si perdieras hoy el trabajo? (Capítulo 6, Crear tu portafolio profesional).
- Cuando tu móvil está fuera de tu alcance durante todo un día, ¿te sientes nervioso o tranquilo? (Capítulo 7, Ser más humano todavía).
- ¿Quién o qué crees que tiene el control de tu vida? (Capítulo 8, Deja ir el futuro).

Y por último:

- ¿Qué palabra describe mejor tu relación con el cambio en la actualidad?

Agárrate a lo que surja ahora. Vuelve a estas preguntas cuando leas el libro. Observa si tu punto de referencia cambia y cómo lo hace.

Piensa por un momento en cómo las diferentes culturas han aprendido a orientarse y navegar. Por ejemplo:

- Durante siglos, la Estrella Polar y la Cruz del Sur han ayudado a los exploradores a orientarse y guiar sus viajes. ¿Cuál es tu Estrella Polar o tu Cruz del Sur en tiempos de cambio?

- Las culturas marineras aprenden a leer los horizontes, a descifrar las nubes y a seguir las olas. No hay «tierra» que guíe y, sin embargo, estos marineros están íntimamente orientados en su entorno. ¿Cómo se navega por las olas del cambio?

- En la filosofía del yoga, *drishti* es una mirada enfocada a algo cuya finalidad es desarrollar la concentración y mantener el equilibrio. El objeto del *drishti* puede ser un punto en la pared, un objeto en el suelo o un punto en el horizonte. ¿Cuál es tu *drishti* en un mundo en transformación?

La Estrella Polar está por encima de ti. El horizonte está más allá de ti. Tu *drishti* está delante de ti. Ninguna de estas cosas está definida por la tierra física, pero todas ellas te orientan hacia tu paisaje y te enraízan en él.

Cuando nos sentimos abrumados, a menudo nos sentimos desorientados. Perdemos la orientación, la dirección y la perspectiva. Cuanto más nos afectan los cambios, más fácil es «perder el rumbo» y, a menudo, es más difícil encontrar el camino de vuelta.

Piensa en la mentalidad Flux como en tu recién estrenada brújula para el cambio: te asienta, te orienta y te guía cuando todo a tu alrededor se mueve. Es tu estrella del norte, tu *drishti*, tu tabla de surf y tu tierra firme a la vez. Se basa en tus valores fundamentales, refleja tu verdadero yo y te permite ser tú mismo sean cuales sean los cambios que se produzcan.

Si te estás preguntando ¿qué hago con mi mentalidad Flux?, estás en el lugar adecuado. Sigue leyendo.

PASO 2: DESBLOQUEA TUS SUPERPODERES FLUX

Una vez que has empezado a abrirte a una mentalidad de cambio, o al menos te has abierto a la idea de que es hora de forjar una relación más sana con el cambio, puede que te sientas nervioso. ¿Y ahora qué?

El siguiente paso para poner en práctica la teoría es utilizar tu mentalidad de cambio para desbloquear los superpoderes Flux: esas disciplinas y prácticas esenciales que son adecuadas para un mundo que fluye, aplicadas e integradas en tu vida.

Los 8 superpoderes Flux son:

1. Correr más despacio
2. Ver lo invisible
3. Perderse
4. Empezar con la confianza
5. Conocer tu «suficiente»
6. Crear tu portafolio profesional
7. Ser más humano todavía (y servir a otras personas)
8. Dejar ir el futuro

Cada uno de los superpoderes Flux te ayuda a ver el cambio de nuevas maneras, a desarrollar nuevas respuestas al cambio y, en última instancia, a reformar tu relación con el cambio. Juntos, te ayudan a vivir tu vida con esperanza en lugar de con miedo; con asombro en vez de con ansiedad, y con curiosidad en lugar de paralizarte. Como queda claro en cada capítulo, cada superpoder es útil por sí mismo, y juntos se amplifican mutuamente.

En muchos casos, ya tienes estos superpoderes (o al menos sus semillas) dentro de ti, pero a menudo están ocultos, enterrados o son invisibles. Las fuerzas, las personas y las instituciones que defienden el viejo guion los han sacado de ti. Con una mentalidad Flux, ahora es el momento de descubrirlos —y es sumamente posible—, redescubrirlos y aplicarlos. La tabla 2 ofrece un análisis más detallado.

Los superpoderes Flux son como una caja bento japonesa para la mente: cada superpoder es un exquisito y nutritivo manjar que puede consumirse (practicarse) por sí solo; juntos, los superpoderes proporcionan una nutritiva y deliciosa comida completa. Cada uno puntúa su fluidez de forma diferente y complementaria. Representan un menú, no un programa de estudios.

Tabla 2. Guiones, hábitos y superpoderes

VIEJO GUION / VIEJOS HÁBITOS	NUEVO GUION / SUPERPODERES FLUX
Correr más rápido	Correr más despacio
Centrarse en lo que es visible	Ver lo invisible
Mantenerte en tu carril	Perderse
No confiar en nadie	Empezar con confianza
Más = mejor	Conocer tu «suficiente»
Conseguir un trabajo	Crear tu portafolio profesional
La tecnología es lo mejor	Ser más humano (y servir a otras personas)
Predecir y controlar el futuro	Dejar ir el futuro

Para la mayoría de las personas, ciertos superpoderes Flux serán más fáciles (y más difíciles) de desarrollar que otros, dependiendo de lo que uno aporte y de la naturaleza de su guion. Del mismo modo, cada superpoder Flux puede tener un peso diferente para cada persona en diferentes momentos de su vida. Para alguien que lucha contra el agotamiento, por ejemplo, aprender a correr más despacio será probablemente más importante al principio, mientras que alguien que lucha contra la sensación de descontrol puede querer centrarse en dejar ir el futuro. (A medida que aprendas a correr más despacio, te volverás más experto en dejar ir, y viceversa). En cualquier caso, ninguno de los superpoderes Flux requiere nada que no tengas ya en tu interior: ni tecnología sofisticada, ni un coeficiente intelectual de genio, ni siquiera una aplicación.

La relación entre los superpoderes y la mentalidad Flux es similar a una estructura de un centro con radios: la mentalidad Flux es el centro y los 8 superpoderes Flux irradian desde él (véase la figura 1).

Figura 1. **Mentalidad Flux y Superpoderes Flux**

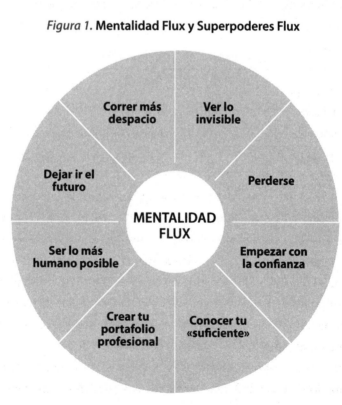

Los superpoderes son independientes entre sí, pero están conectados a través del centro. Cuando tu mentalidad de cambio está abierta, los superpoderes pueden ponerse a trabajar.

Tal vez ya te hayas dado cuenta de que hay un enfoque poco convencional en esto: estos superpoderes lo son solo si has abierto una mentalidad Flux y crees que un nuevo guion es tu mejor camino hacia delante. Si estás atascado en tu viejo guion, entonces verás estos superpoderes como pasivos o de alguna manera trastornados. Dirás que correr más despacio es ser perezoso o que soltar el futuro es rendirse. Pero esto no es lo que dice el nuevo guion en absoluto.

Del mismo modo, el nuevo guion no dice que nunca se deba correr rápido o usar la tecnología en ocasiones. Tampoco implica creer que los trabajos no tienen mérito o que no debamos trabajar duro. Estas acusaciones sacan de contexto la teoría de Flux.

Más bien, el nuevo guion —y por extensión, la teoría— reconoce que hemos estado corriendo demasiado tiempo y demasiado rápido detrás de las cosas sin detenernos a considerar si hacerlo es sabio o sostenible, o si es lo que realmente queremos. ¿Qué persigues y por qué? ¿Cuáles son tus objetivos?, ¿reflejan realmente tu mejor yo?

Los superpoderes Flux no se manifiestan de la forma en que se nos ha enseñado, ya que forman parte de un guion nuevo y emergente. Pero estos son tan disciplinados como sus homólogos de antaño, los «viejos hábitos» (que son conservadores). Como en la rueda de un hámster, hay tanta disciplina —algunos dirían que mucha más— en correr más despacio que en hacerlo cada vez más rápido. Hay tanta disciplina —y, de nuevo, algunos dirán que incluso más— en dejar ir como en aferrarse a suposiciones que ya han pasado a mejor vida. La paz no es pasividad. Estas revelaciones pueden ser chocantes, especialmente si tienes el viejo guion grabado en tu mente, pero con un nuevo guion... ¡cuidado, mundo!

Así que hablemos ahora de ese nuevo guion, ¿de acuerdo?

PASO 3: ESCRIBIR EL NUEVO GUION

El tercer y último paso para poner en práctica la teoría de Flux es aplicar tus superpoderes para escribir tu nuevo guion. Este te permitirá transformar tu relación con el cambio y aportar tu mejor yo al mundo.

Al igual que el antiguo guion de cada persona es único, pues está basado en su experiencia vital, el nuevo reflejará lo que es único en ella. Esa es una de las cosas más emocionantes del nuevo guion: ¡solo tú puedes escribirlo! Nadie puede hacerlo por ti ni nadie puede escribir el mismo que tú. Es un guion a medida.

No puedo predecir con exactitud lo que dirá tu nuevo guion, pero he aquí algunas formas en las que a menudo veo que se traducen los superpoderes Flux en los nuevos guiones adaptados a un mundo en cambio:

- Cuando aprendes a correr más despacio, empiezas a desear un ritmo más tranquilo. El silencio se convierte en un amigo.
- Cuando aprendes a ver lo que es invisible, descubres nuevos y maravillosos universos de oportunidades, a las que el viejo guion te cegó, aunque son cosas que realmente te interesan.
- Cuando aprendes a perderte, empiezas a sentirte encantado si las cosas no salen según lo previsto, si los planes cambian o si no tienes ni idea de lo que va a pasar a continuación.

- Cuando aprendes a empezar con confianza, anhelas más confianza. Estás mejor preparado para ganártela y permitir que brille la de los demás.

- Cuando conoces tu «suficiente», empiezas a vivir en abundancia y a cuidar mejor de ti mismo y de los demás.

- Cuando aprendes a crear una cartera de trabajo, dejas de ver el trabajo simplemente como «tener (o conseguir) un trabajo». Ya no te preocupa perderlo y puedes posicionarte con confianza hacia el futuro laboral.

- Cuando aprendes a ser plenamente humano, tus relaciones con los demás (y tu salud mental y tu sueño) mejoran. Por fin eres capaz de recalibrar también tu relación con la tecnología.

- Cuando aprendes a dejar ir el futuro, descubres que se ve más brillante que nunca.

Suena muy bien, ¿verdad? Y eso no es todo.

Con el tiempo, estas cosas —tu nuevo guion, tus superpoderes y tu mentalidad Flux— se refuerzan mutuamente. Cuanto más desarrolles uno de ellos, más fuertes y claros serán los otros. Podrías pensar en esto de la siguiente forma: 1 + 1 = 11.

Cuanto más practiques y perfecciones tus superpoderes Flux, mejor será la preparación de tu mentalidad de cambio. Cuanto más practiques y perfecciones tus superpoderes, mejor será el funcionamiento de tu mentalidad Flux.

Me gusta pensar que esta mentalidad es como un cohete propulsor para la vida y la relación con el cambio. Tus superpoderes son el combustible del cohete. Ambas cosas son esenciales para alumbrar un nuevo guion. Funcionan en tándem: ofrecen un viaje interminable, en constante evolución, increíblemente emocionante (e incluso fuera de este mundo) a través del flujo.

Así que, tanto si estás evaluando tu carrera como si estás revisando tus valores, repensando el diseño de un producto, liderando la transformación de toda una organización, intentando inspirar a tus colegas, o simplemente tratando de vivir más plenamente en el mundo, aplicar tus superpoderes Flux para escribir tu nuevo guion te capacita para fluir mejor.

MI VIAJE HACIA FLUX

Desde aquella tarde crucial de junio en la que me llamó mi hermana, me he sentido fascinada por cómo nos adaptamos al cambio, ya sea individual, organizativo o social. Mi curso intensivo de duelo incluyó ansiedad y ataques de pánico, así como la reconstrucción de mi vida y la búsqueda de un sentido, todas ellas formas diferentes de adaptarse al cambio. Más tarde conocí el futurismo y la teoría de la complejidad, que también pretenden comprender mejor el cambio y adaptarse a él... pero cuyo punto de partida es un mundo sin dolor. A pesar de todo, seguí encontrando inspiración y conocimiento a través de los viajes, aprendiendo sobre otras culturas y lo que nos conecta: nuestra humanidad compartida. Empecé a mezclar y combinar ideas de lugares muy diferentes.

Mi punto de partida fue, como mínimo, accidentado. Poco después de la muerte de mis padres, desarrollé un temor irracional, aunque en esencia real, de que me quedaba menos de un año de vida. Si las dos personas más cercanas a mí habían desaparecido sin previo aviso, ¿por qué no iba a ocurrirme a mí también o a cualquiera? Y si muriera mañana, ¿habría importado mi existencia en esta tierra? Daba igual que tuviera veinte años: también podría haber sido una crisis de la mediana edad en toda regla.

Menos de dos años después de la muerte de mis padres, me gradué en la universidad, lo que me hizo caer otra vez en picado: era el momento de entrar en el «mundo real» (como si no hubiera tenido suficiente realidad) y hacer algo por mí misma. No solo eso, sino que tenía que cumplir los deseos de mis padres y honrar su legado. Tenía que saber exactamente lo que debía hacer y hacerlo a la perfección, más allá de lo que ellos o cualquier otra persona pudiera imaginar. También sentía que tenía que hacer todo esto lo más rápido posible porque podría morir mañana.

¿Verdad?

Estaba muy equivocada.

Como veremos en los próximos capítulos, en muchos sentidos esta época de mi vida plantó las semillas de *Flux*. Cuando mis padres murieron, tenía un total de cero Superpoderes para fluir, y mi mentalidad era cualquier cosa menos abierta. Tenía un enorme déficit de Flux. Estaba fuertemente atrapada en el viejo guion y no conocía a mucha gente que hubiera escrito sus propios guiones. Mis padres eran de mente abierta, e incluso un poco rebeldes, pero también vivían conforme a sus propios guiones antiguos.

Mi relación con el cambio —y, especialmente, con la apertura de mi mentalidad de cambio— ha mejorado a medida que he ido experimentando cambios en más direcciones. Cuando murieron mis padres, se me impusieron enormes cambios en la vida, en la familia, en el futuro. No tuve elección: tuve que enfrentarme a ellos, me gustaran o no, fueran difíciles o no, trágicos o no. Mi mentalidad Flux comenzó a abrirse. Desde entonces, también he buscado el cambio, he notado que se aproximaba y lo he experimentado en mí misma y en muchos otros. Todas estas experiencias me han enseñado que cada «tipo» de cambio, sea bienvenido o no, abre aún más la mentalidad Flux. Cuantos más cambios se produzcan, más fuerte será esta mentalidad si te apoyas en ella.

El nuevo guion para el liderazgo en el cambio

Si estás leyendo este libro, es probable que seas tanto un líder como un buscador. Pero ¿qué tipo de líder?

El viejo guion tiene una definición bastante limitada del liderazgo: los líderes son las personas que están en la cima de la escalera. Los líderes gestionan, dirigen, mandan y a menudo controlan las acciones de los demás. Se espera de ellos que tengan respuestas, mantengan el poder con firmeza y persigan el protagonismo. En el ámbito empresarial, los líderes aplastan a la competencia. Pero en un mundo que cambia, y con un nuevo guion en la mano, lo que hace a un buen líder cambia claramente, tanto en sus características distintivas como en lo que respecta a quién cumple los requisitos como líder. Con el guion antiguo, ser un «gran líder» no es garantía de un gran liderazgo cuando el mundo está del revés. De hecho, las antiguas habilidades pueden ser una desventaja. Todo depende de tu relación con el cambio: tu capacidad para guiarte a ti mismo y a los demás a través y más allá del cambio.

Por ejemplo, un estudio de 2019 realizado por Leaders on Purpose encontró que la principal habilidad de liderazgo necesaria hoy en día es la comodidad con el riesgo y la ambigüedad. Los mejores líderes pueden convivir con la ambigüedad, navegar por ella y confiar en ella de un modo que otros no pueden [9]. En otras palabras, en el cambio el gran líder busca lo contrario a la certeza. Más bien su objetivo es la claridad de visión, lo que también significa saber cuándo dar saltos de fe que desafíen las métricas de los viejos guiones.

Más aún, el nuevo guion deja claro que muchas personas son líderes, no solo las que se abren camino hacia la cima del escalafón. El liderazgo en un mundo en transformación puede venir de cualquier lado: no se limita a la cima. Aprovecha los principios del «nuevo poder» de las redes, los ecosistemas y la sabiduría colectiva [10]. (Recuerda: el nodo más fuerte de una red no es el más grande, el más elegante, el más antiguo o el que tiene más credenciales, es el más conectado). Los líderes del flujo buscan liderar con otros, no liderar ellos solos.

Por ejemplo, Greta Thunberg suspendería casi todas las métricas de liderazgo de los viejos guiones: es joven y luchadora, y le importa poco lo que piensen los demás. Sin embargo, su claridad de visión sobre el catastrófico cambio climático y su deseo de incitar a actuar a los demás —no para su propio beneficio, sino para lograr un objetivo colectivo— hacen que sea el tipo de líder que entiende el nuevo guion.

Para que empieces a evaluar tu propia capacidad de liderazgo en el flujo y cómo puedes mejorarla, he aquí algunas preguntas para empezar:

> En una escala del 1 al 10, ¿cómo calificarías tu capacidad personal para liderar en el cambio hoy en día? ¿Cómo calificarías la de tu mejor amigo?
>
> ¿Tiendes a pensar en términos de «yo» o «nosotros»?
>
> ¿Cómo te sientes al compartir el poder con los demás?
>
> ¿Cómo calificarías la capacidad de cambio de tu organización? ¿Son ciertos temas los que provocan el cambio? ¿Hay personas, equipos o departamentos que fluyen mejor que otros?
>
> Dentro de cinco (o dos o diez) años, ¿qué tipo de líder o buscador quieres ser? ¿De qué tipo de organización?

Ten estas respuestas cerca mientras lees el libro.

Cuando mi mentalidad Flux se abrió, empecé a tener en cuenta mis superpoderes. La sensación era abrumadora. Tenía mucho que aprender, así que opté por centrarme primero en el superpoder que no podía ignorar: cómo dejar de lado el futuro. Perder a mis padres también significaba perder lo que creía que sería mi futuro... hasta que no lo fue. Pero gradualmente, con el paso de los años, empecé a experimentar, a imaginar y a hablar con gente nueva, y en el proceso empecé a ver lo poco que mi antiguo guion se ajustaba a mi personalidad. Empecé a dibujar una imagen distinta de mi futuro: diferentes trayectorias profesionales, diferentes prioridades, diferentes formas de ser. Cuando la sociedad me decía que girara a la derecha, aprendí a escuchar mi voz interior, que a menudo me empujaba a girar a la izquierda.

Eso sí, no había una ciencia perfecta para esto en aquel entonces, ni tampoco la hay hoy en día. Pero, cuanto más practicaba, mejor lo hacía. Hoy puedo pintar docenas de imágenes distintas de mi futuro (o de cualquier futuro). Y, sin embargo, como al final solo se desarrolla uno, me he vuelto experta en dejar de lado el resto (es decir, la mayoría de los futuros posibles y la mayor parte del tiempo).

Más o menos entonces, empecé a probar mi suerte con la confianza y con perderme. No hay nada como una tragedia sin sentido para saber que no se puede confiar en el mundo. Sin embargo, ¿qué clase de futuro sería vivir atrapado en el miedo y la desconfianza? Desde luego no era el que yo quería. Así que empecé a indagar en mi antiguo guion y me di cuenta de que tenía la confianza al revés. Empecé a abrirme, tanto para sanar mi corazón lastimado como para ver si la confianza podía funcionar. Nunca he mirado atrás. (Como verás más adelante, empezar con confianza no significa confiar ingenuamente, ni que las cosas se ajusten a lo planificado. Simplemente, es establecer un valor predeterminado diferente que te permita dar la bienvenida al cambio con confianza).

Mi capacidad para perderme de verdad, de verdad, se puso en marcha gracias a dos fuerzas: las emociones y los viajes. La muerte de mis padres fue la primera que conocí. Mi primer funeral fue el suyo. Emocionalmente me encontraba en una situación de desorientación, sin brújula, ni hoja de ruta, *drishti* o cualquier otra cosa. Día a día, aprendí nuevas formas de orientarme, desde escribir un diario hasta descubrir el asombro (en lugar del miedo) en las profundidades de mi alma. Más tarde, cuando me aventuré a ir de un rincón del planeta a otro, descubrí el asombro (en lugar del miedo) al no saber con quién me encontraría en un día determinado o dónde descansaría mi cabeza esa noche. Una y otra vez vi que creamos el miedo o hacemos que este desaparezca en función de las historias que nos contamos a nosotros mismos.

Hoy, más de dos décadas después, tengo una carrera profesional que refleja mi nuevo guion. Desarrollar este superpoder me llevó bastantes repeticiones. Sin embargo, aunque mi trayectoria profesional no ha sido convencional según la mayoría de los parámetros —podría decirse que es como saltar de un nuevo precipicio profesional cada pocos años—, la pregunta que me guía y me sirve de base sigue siendo la misma: *si muriera mañana, ¿qué necesitaría el mundo que hiciera hoy?*

(Esta pregunta tiene una ventaja añadida: cada año en el día de mi cumpleaños me sigo maravillando de estar viva).

Tardé más en identificar y perfeccionar otros superpoderes, pero sigo trabajando en cada uno de ellos todos los días. Escribir mi nuevo guion es una búsqueda para toda la vida, pero he aprendido que, aunque nada es seguro, probablemente no voy a morir mañana... así que ¿qué mejor misión en la que invertir toda la vida?

TU HOJA DE RUTA HACIA EL CAMBIO

A lo largo de los últimos veinticinco años, he tenido numerosas oportunidades de reflexionar sobre mi propio viaje hacia el cambio —lo que suele funcionar y lo que no— y también de guiar a otros a través del cambio. En este proceso hay algunas observaciones y reflexiones que tienden a sobresalir. Considero estas cosas como puntos de referencia para navegar por el propio paisaje de cambio y escribir un nuevo guion para ese flujo: tu hoja de ruta hacia el cambio.

- **Los valores provienen de muchos lugares.** La fe, el compromiso con el servicio, la dedicación a una causa que va más allá del interés personal o de «ganar», y el amor a los niños y a la humanidad son los que se citan con frecuencia.
- **Tu relación con el cambio comienza en tu interior.** Mucha gente se relaciona con el cambio al revés. Se centran en el mundo exterior de las «estrategias de gestión del cambio» o de «invertir en incertidumbre». Sin embargo, no reconocen que cada estrategia, inversión o decisión depende y está filtrada por tu mundo interior, por tu mentalidad. (¿Ves el cambio desde un lugar de esperanza o de miedo? Eso no es estrategia). Ocúpate primero de la parte interna —es decir, de tu relación con el cambio— y entonces la dinámica externa tendrá el sentido y la claridad que antes no tenía.
- **Nadie, excepto tú, puede escribir tu nuevo guion, ni tú puedes escribir el de otra persona.** Hay mucho que podemos aprender unos de otros, especialmente los que ya han escrito su nuevo guion, pero nadie puede ser «plenamente tú», excepto tú mismo.

- **Aprender a fluir es un trabajo duro estimulante.** Vale la pena, para ti y para el mundo, de más formas que quizás cualquier otra cosa que hagas.

La vida te dará muchas oportunidades para practicar la apertura de tu mentalidad Flux y de desarrollar tus superpoderes Flux. No le des demasiadas vueltas a las cosas: empieza con cualquier reto relacionado con el cambio que tengas en ese momento. Y sea como sea, recuerda: no se trata de habilidades solo para hoy, o para este año, o para el problema que puso tu mundo patas arriba ayer. Son superpoderes que puedes aprovechar para siempre.

CÓMO LEER ESTE LIBRO

La estructura de *Flux* es sencilla: cada capítulo es un superpoder. Puedes leer estos capítulos en el orden que desees; de principio a fin funciona bien, aunque no es obligatorio. Encontrarás referencias a los demás superpoderes a lo largo de todo el libro, así que dirígete a ellos cuando la curiosidad te lo pida. Cada capítulo contiene ejercicios y preguntas que te ayudarán a desarrollar y practicar un superpoder determinado, lo que fortalecerá tu mentalidad Flux y pondrá las semillas de tu nuevo guion en el proceso. Al final de cada capítulo hay cinco preguntas que sintetizan los temas clave y proporcionan una pausa para la reflexión.

Este libro enriquece nuestro lenguaje al ofrecer un léxico incipiente para poder fluir. Tu nuevo guion y la teoría de Flux forman parte de su base. El cambio constante, su ritmo cada vez más rápido y navegar por lo desconocido son cosas que mucha gente ha sentido, pero en general seguimos careciendo de un vocabulario rico para hablar de ellas. Por supuesto, la simple definición de un problema no lo resuelve, pero es difícil que surja una conversación importante sobre algo si no tenemos las palabras adecuadas. Este libro sirve para concienciar y suscitar debates sobre cómo aprender juntos a fluir.

Cambio es la palabra de moda de nuestro tiempo y del futuro. *Flux* es también un libro para nuestro tiempo y para el futuro, para que te ayude a ti y a todas las personas cuyas vidas te importan.

1

CORRER MÁS DESPACIO

Los seres humanos corremos más rápido
cuando hemos perdido el rumbo.

Rollo May

Elige tus mejores razones para correr. Todas las semanas se producen cambios nuevos e inesperados, incluso varias veces al día. Puede tratarse de un nuevo horario que interrumpe una rutina que ha tardado años en hacerse realidad, o un equipo que se retrasa, o una oportunidad que se presenta en el horizonte y que es sensible al tiempo, o no saber hasta cuándo se podrá pagar el alquiler, o preocuparse por tu seguridad o la de tu familia o amigos, puede ser que el planeta se derrita.

¿Debes caminar, correr a toda velocidad o simplemente quedarte quieto?

Tanto los individuos como las organizaciones se esfuerzan por responder a esta pregunta. En el lugar de trabajo, los responsables de recursos humanos suelen argumentar que, cuando se avecina la incertidumbre, es necesario «despedir rápido». Cuando no se está seguro de dónde vendrán los ingresos, una de las cosas más fáciles de hacer es reducir el equipo. Al fin y al cabo, los salarios son la partida más importante de los presupuestos de la mayoría de las organizaciones.

Sin embargo, si profundizamos en la investigación, descubrimos que ocurre lo contrario: desde 1980, las empresas que retrasan los despidos todo lo posible obtienen mejores resultados a lo largo del tiempo que las empresas que despiden rápidamente [11]. ¿Por qué?

Resulta que no solo es difícil sustituir a los mejores talentos, sino que los despidos son devastadores para la moral y la productividad del equipo que queda [12]. Las organizaciones que anteponen la eficiencia económica a la equidad fundamental acaban mostrando sus verdaderas cartas. Los valores y la confianza son difíciles de recuperar.

La lección que se desprende de esto no es que nunca se deban hacer despidos o que nunca debamos tomar medidas rápidas, es que responder con rapidez no significa necesariamente hacerlo con sabiduría. En un mundo en transformación, lo rápido no siempre es lo primero.

EL SUPERPODER: **CORRER MÁS DESPACIO**

Para prosperar en un mundo acelerado, aminora el ritmo.

En un mundo al revés que te persuade, te convence y coacciona para que corras cada vez más rápido, tu clave para el verdadero éxito y el crecimiento es hacer lo contrario: correr más despacio.

El viejo guion dice que debemos correr más rápido para mantener el ritmo. Sin embargo, un mundo en constante cambio tiene unas condiciones de carrera diferentes porque la línea de meta se desplaza constantemente. Ya sean las exigencias de los negocios, las prioridades del hogar y la familia, las responsabilidades que hay que compaginar, las relaciones que hay que cuidar o la implacable incertidumbre que hay que descifrar: cuanto más rápido corramos, y cuanto más lo hagamos sin descansar o reflexionar o, incluso, sin prestar atención, peores serán nuestros resultados con el tiempo.

No obstante, para la mayoría de la gente, correr más rápido sigue siendo el valor por defecto. Estamos atrapados en el viejo guion y eso no augura nada bueno. Sobre todo si corremos más rápido solos.

Cuando aprendemos a correr más despacio, los resultados son mejores en todos los aspectos: decisiones más sabias, menos estrés, mayor resistencia, mejor salud, mayor conexión con nuestras emociones e intuición, presencia, concentración y más claridad de objetivos. Paradójicamente, la ralentización nos da más tiempo, lo que conduce a una menor ansiedad. Reducir la velocidad mejora nuestra productividad en aspectos importantes y envía al agotamiento al cubo de la basura. En realidad, hay muchos tipos de crecimiento que solo pueden venir con el descanso.

Me costó mucho aprender a correr más despacio. Durante gran parte de mi vida, iba tan rápido como podía: me ponía metas establecidas por otros, lejos de las cosas que temía, pero sin pensar mucho en el porqué. Cuando murieron mis padres, quise huir lo más rápido posible de la situación... y, sin embargo, no lo hice. Me mantuve firme y así comenzó mi práctica de este superpoder. Me llevaría muchos años más comprender la dinámica de lo que estaba ocurriendo, tanto en mi interior como en mi relación con el mundo exterior.

Hoy puedo correr mucho más despacio que antes, aunque todavía tengo mucho margen de mejora. A través de la prueba, el error y la práctica deliberada, he aprendido a valorar el poder de la pausa. Estoy más presente y menos ansiosa. Modestia aparte, puedo ver muchas cosas que antes simplemente pasaba de largo. De hecho, algunas cosas que antes temía se han convertido en fuente de alegría.

Para que quede claro, correr más despacio no significa detenerse, ser perezoso, estancarse, carecer de propósito o (quizás la objeción más sorprendente) no preocuparse. Tampoco puede resolverse simplemente tomándose unas vacaciones, descargando una aplicación o buscando una solución rápida «de una sola vez» (irónicamente, esto te traerá mucho sufrimiento porque lo que buscas «arreglar» está cambiando constantemente). En realidad, correr más despacio supone moverse mucho e indagar a un ritmo sostenido. Significa que hay que cuidarse lo suficiente como para aquietar la mente y centrarse en lo que realmente importa.

Por supuesto, hay momentos en los que correr más rápido es lo correcto: dar un volantazo para evitar el tráfico en dirección contraria o acudir a vacunarse contra la pandemia son dos cosas que me vienen a la mente. Y cuando estamos en el flujo, completamente inmersos en lo que hacemos, podemos sentirnos más vivos, moviéndonos y pensando más rápido que nunca. Pero, en general, nos vemos obstaculizados y perjudicados con mucha más frecuencia por nuestras mentes aceleradas cuando preferiríamos estar tranquilos. Pasamos nuestro tiempo persiguiendo constantemente las expectativas establecidas por los demás, y luego nos preguntamos dónde ha ido a parar ese tiempo (y nuestras esperanzas, sueños y deseos).

Corremos crónicamente cada vez más rápido y, al hacerlo, pasamos por delante de la propia vida. Pero no tiene por qué ser así, y aquí es donde hay que empezar.

¿A qué velocidad corres?

Este es un ejercicio en dos partes. En primer lugar, responde con sinceridad a lo siguiente:

¿Sientes que corres demasiado rápido?

¿De quién o de dónde viene tu «necesidad de velocidad»?

Si redujeras la velocidad para cambiar tu atención, ¿qué crees que descubrirías?

Si supieras que vas a morir mañana, ¿con qué propósito o hacia quién correrías?

Pregunta extra: ¿te ha resultado difícil hacer una «pausa» lo suficientemente larga para hacer este ejercicio?

En segundo lugar, en una hoja de papel dibuja cuatro círculos concéntricos (como una diana) y diferéncialos de la siguiente manera:

El círculo interior es **tu búsqueda personal**: tu relación contigo mismo, tus objetivos personales y cómo quieres mostrarte en la vida.

El segundo círculo son **tus relaciones personales:** con los amigos, la familia y los seres queridos.

El tercer círculo es **tu papel en las organizaciones:** tus responsabilidades profesionales, tu experiencia, tus colegas, etc.

El círculo exterior es **tu papel en el mundo:** por ejemplo, como ciudadano, consumidor, defensor del clima, viajero, etc.

Anota dónde estás corriendo demasiado rápido. ¿Qué círculos caen dentro? ¿Hay algún círculo vacío?

A continuación, escribe el porqué. ¿De dónde viene ese deseo de correr tan rápido? ¿Te impulsas a ti mismo a hacer más o son otros los que te impulsan? ¿Cuándo empezó la presión por correr más rápido? (¿Te diste cuenta en ese momento?). También puedes anotar tus mecanismos típicos de superación y si te han ayudado.

Ahora mira el cuadro completo. ¿Qué áreas de tu vida necesitan ir más despacio? ¿Alguna de ellas te parece más fácil de manejar que otras?

Por último, piensa en quién más podría beneficiarse de este ejercicio —colegas, familiares, etc.— y compártelo con ellos.

EL VIEJO GUION A VELOCIDAD DE VÉRTIGO

En 2010, investigadores de la Universidad de Harvard revelaron que el 47 % de nuestras horas de vigilia las pasamos pensando en lo que no ocurre [13]. Por aquel entonces, los móviles solo tenían tres años de existencia. Estábamos empezando a adaptarnos a unos dispositivos que en una década se convertirían no solo en nuestros teléfonos, sino también en nuestros televisores, profesores, cajeros de banco, proveedores de transporte, proveedores de alimentos, agencias de viaje, servicios de citas, lavanderías, confesionarios, y mucho más. Cada una de estas aplicaciones, cada botón de tu móvil, es una distracción: otra oportunidad para desviar tus pensamientos hacia otro lugar, lejos de la magia de la vida que se desarrolla justo ante ti.

Hoy en día, nuestra economía a la carta se ha disparado, junto con las expectativas de tenerlo todo al instante, los estilos de vida 24/7 y la percepción de estar «siempre conectados». Hoy damos por sentado que Amazon nos entregará las cosas al día siguiente, si no antes; cuando llamamos a un coche para que

nos recoja, nos frustramos si tarda más de tres minutos; y sub-
contratamos tareas con el ánimo de «optimizar» nuestras vidas
ahorrándonos cinco minutos. No importa que esta actividad
nos dé alegría o nos ponga en contacto con la familia o los amigos; es mucho mejor conservar ese tiempo para ser «producti-
vos». Pero aquí está el problema: nos sentimos desgraciados de
tanto correr. Los *millennials* son conocidos como la «generación quemada», ya que han interiorizado la idea —reforzada
por la sociedad, nuestro sistema educativo y, a menudo, por
nuestros compañeros y padres— de que nuestra autoestima se
deriva directamente de cuánto trabajamos. Por lo tanto, debemos trabajar todo el tiempo [14].

Sin embargo, los *millennials* son la punta del iceberg. Los
ejecutivos y directivos declaran que cada vez se les exige más
tiempo. Los líderes se preocupan por el bienestar de sus equipos
al mismo tiempo que se ven presionados (y recompensados) por
dar prioridad a la rentabilidad trimestral sobre la salud a largo
plazo. Los profesores tienen que enseñar más, a más alumnos,
con circunstancias más difíciles y menos recursos cada año; los
ministros, los cuidadores y otras personas comprometidas con
el servicio están totalmente desgastados; los padres «optimi-
zan» el tiempo de juego de sus hijos, y la lista continúa.

La semilla de este problema se planta cuando somos jóvenes y nos dicen que podemos, y debemos, «hacerlo todo». (Por
un lado, este mensaje fomenta la ambición y los logros: ¡genial! Pero, al mismo tiempo, nos hace sentir que siempre nos
quedamos cortos: no hacemos lo suficiente, ni ganamos lo suficiente, ni tenemos lo suficiente. (Más sobre esto en el capítulo 5,
Conocer tu «suficiente»). El mensaje implícito es: no eres suficiente. Así que sigue adelante y corre más rápido.

Esto nos lleva a una especie de persecución interna: no es
que no seamos capaces, sino que si nos esforzamos más, pode-

mos ser mejores en todo. Paradójicamente, este mensaje da lugar a lo que el psicoanalista Josh Cohen denomina «una extraña mezcla de agotamiento y ansiedad, un estado permanente de insatisfacción con lo que somos y tenemos». Y nos deja con la sensación de que somos sirvientes en lugar de dueños... del interminable trabajo que realizamos para lograr nuestro supuesto «mejor yo» [15].

Aunque las circunstancias de la vida de cada persona son únicas, esta realidad cada vez más acelerada es omnipresente en la cultura contemporánea. Tanto las mujeres como los hombres aspiran a «tenerlo todo» y «lograrlo». Se corre rápido para estar a la altura de las facturas mensuales o de la exhibición de riqueza (real o no) de los vecinos, mientras estos hacen lo mismo. El quid de la cuestión es que todo este correr es insostenible y nos está volviendo locos, porque parece que no podemos parar. Sin embargo, nadie va a detener el tiovivo.

Existe un vínculo inextricable entre tu capacidad para reducir la velocidad y tu capacidad para prosperar. Sin embargo, es un equilibrio cada vez más difícil de alcanzar porque habitamos un mundo —un sistema— que está diseñado, intencionadamente o no, para impedirlo.

NO ERES UNA LISTA DE COSAS POR HACER

Pero no tiene por qué ser así y, lo que es mejor, no todos los lugares o culturas se empeñan en correr más rápido y en estar siempre haciendo. ¿Has pensado alguna vez en no hacer?

No hacer no significa simplemente no trabajar. A menudo agrupamos actividades como la meditación y llevar un diario como una especie de cubo de «no hacer nada». Pero estas cosas son en gran medida «hacer»: estás comprometido con ello, ocupado y pensando. Cuando digo «no hacer», me refiero a no hacer nada. Ninguna acción concreta, ninguna distracción, ningún objetivo. Y, lo que es más importante, confiar en que por ello el cielo no se derrumbará. De hecho, puede que incluso sea más ligero y luminoso cuando te detengas a apreciarlo.

¿Alguien se apunta al *niks*?

En los Países Bajos, *niksen* es un concepto socialmente aceptable y culturalmente celebrado que define el no hacer [16]. El término significa literalmente «no hacer nada» o hacer algo sin ningún propósito productivo en concreto. Se trata de «atreverse a ser ocioso» [17].

Los beneficios del *niksen* son profundos. Investigadores holandeses han descubierto que las personas que lo practican con regularidad tienen menos ansiedad, mejoran su sistema inmunológico e incluso aumentan su capacidad para tener nuevas ideas y resolver problemas [18]. La clave está en practicarlo con regularidad (incluso dos minutos al día es un comienzo), sin intención y sin pensar si es productivo.

No hacer nada a menudo conduce a lo mejor de algo.

WINNIE THE POOH

Wu Wei

El budismo chino adoptó en el año 700 a. C. el concepto de *wu wei* (無 爲), que significa «falta de esfuerzo» o «acción a través de la mínima acción» [19], un concepto fundamental de la filosofía taoísta. El *wu wei* se diferencia del *niksen* en que sus objetivos son claramente estratégicos: es una especie de pasividad selectiva que se centra en ajustarse a una situación determinada en lugar de buscar desesperadamente su control. El *wu wei* solo puede lograrse cuando has disminuido el ritmo lo suficiente como para evaluar de verdad la situación.

El *wu wei* se compara a menudo con estar «concentrado» o fluir con la situación. Es como el agua, los árboles o el musgo, que no solo se doblan, se moldean y se ajustan a la forma de su entorno —el viento, la roca o el suelo—, sino que su fuerza y resiliencia provienen de un proceso de crecimiento lento. Su poder proviene de no tener prisa.

Cuando mis padres murieron, mi mundo se detuvo y se triplicó. Por un lado, había muchas cosas que resolver, pero por otro, el tiempo se detuvo. No había nada que hacer y todo que hacer. Me enfrentaba a un enorme agujero que podía llenar con la actividad o con el dolor.

En retrospectiva, lo más útil que «hice» fue no hacer nada. Como cualquier joven que no quería otra cosa que graduarse y «seguir adelante» con la vida, el tomarme un semestre libre y tardar un año más para graduarme fue duro. Mientras mis amigos terminaban los estudios, yo me afligía. Mi hermana, Allison, lo hizo aún mejor: tachó con una X indeterminada su calendario (durante casi dos años). Las dos nos mantuvimos en la densa y trágica verdad de nuestra situación y nos volvimos a arraigar, cada una a nuestra manera, de acuerdo a nuestras respectivas experiencias vitales. No nos distrajimos, sino que profundizamos en nuestras almas, y eso marcó la diferencia.

En los más de veinticinco años transcurridos desde entonces, el mundo se ha acelerado, mientras que la capacidad de la humanidad para bajar el ritmo y dejar de hacer se ha estancado. Para hacer frente a la ansiedad y la duda colectivas en todo el mundo, lo mejor que podemos hacer es incorporar el no hacer a nuestras vidas. Esto puede significar tomarte una pausa, soñar despierto o sentarte tranquilo. Es el sencillo pero profundo acto de mantenerte en ese gran espacio que es lo desconocido para descubrir que has estado corriendo demasiado rápido para llegar a ser tú.

No haciendo es cuando se superan todas las cosas.

LAO-TSE

PRODUCTIVIDAD: ¿PARA QUÉ Y PARA QUIÉN?

De alguna manera, mucha gente ha aterrizado en este mundo de agotamiento con un sonoro batacazo. Con demasiada frecuencia, permitimos que el trabajo llene todo el tiempo que le dedicamos. ¿Por qué?

La tecnología es, sin duda, una de las culpables, ya que nos permite tener siempre la actividad en nuestros bolsillos. Mientras tanto, el consumismo de masas contemporáneo y el capitalismo de libre mercado alimentan la noción de no tener nunca suficiente, de no ser suficiente y, por extensión, de no trabajar lo suficiente. Así es como prospera el consumismo: asegurándose de que nunca nos consideremos suficientes. Sin embargo, que aceptes este mensaje, o incluso que lo veas, depende de tu mentalidad. ¿Cuestionas este sistema o estás demasiado ocupado en su rueda de hámster para darte cuenta de que puedes estar pasando por encima de la vida?

Mi camino para ir más despacio ha sido tortuoso y desconcertante a veces. He mejorado mucho y reconozco que es una práctica que dura toda la vida y en la que durante mucho tiempo tuve más preguntas que respuestas.

Inmediatamente después del accidente de mis padres, me sentí indecisa entre dos direcciones. Por un lado, quería huir lo más rápido posible de lo sucedido. Por otro, me habían parado en seco y me habían recordado brutalmente la fragilidad de la vida. ¿Debía correr más rápido, porque mi vida también podría terminar pronto? ¿O debía pulsar el botón de pausa y aclarar exactamente hacia qué estaba corriendo, de qué estaba huyendo o para qué?

Me decanté por esta última opción, a pesar de que algunos mentores me animaron a mantener el rumbo, ir directamente a la escuela de posgrado o conseguir un trabajo en una empresa de consultoría o en un banco. Desde su punto de vista, estaba acreditada y preparada para iniciar mi carrera pronto. Preparada, lista, ¡ya!

Sin embargo, no podía dejar de preguntarme: ¿para qué estamos compitiendo? ¿Y por qué?

El viejo guion me envolvía. No solo sentía la presión de ajustarme a lo establecido, sino que veía a mis compañeros apresurarse a ascender en la escala corporativa. Además, no dejaba de preguntarme sobre lo que mis padres me hubieran dicho para orientarme. ¿Construiría algo en lo que yo realmente creyera o estaba destinada a ser el engranaje del sueño de otra persona? ¿Elegiría yo mi camino o lo elegirían por mí?

A los veintidós años lo único que quería era contribuir al mundo, especialmente para que mis padres se sintieran orgullosos. Pero ¿cómo podía hacerlo sin saber lo que realmente me importaba?, ¿y cómo podía lograrlo sin bajar el ritmo lo suficiente para hacer un balance de la situación?

Las reflexiones de esta historia se extienden más allá de mí, aunque las cosas se desarrollaron así en aquel entonces: me salté Wall Street y conseguí un trabajo buscando y guiando viajes de senderismo y ciclismo que empezaban en Italia. Durante casi cuatro años, viajé con una mochila y sin una dirección permanente, alimentada por la insaciable curiosidad de entender cómo vivía el resto del mundo. Me metí en problemas, aprendí de primera mano sobre el desarrollo global y me gané un cinturón negro en diplomacia cultural y autosuficiencia. Gané mucho menos de lo que habría ganado en Wall Street, pero también gasté mucho menos. Vivía al ritmo del lugar en el que estaba y, como resultado, todo mi futuro cambió.

Aprender a correr más despacio —precisamente cuando la sociedad me decía que fuera más rápido— marcó la diferencia. Era arriesgado hacer una pausa con mi miedo irracional, que aún tengo, a morir mañana. Pero era mucho más arriesgado no intentarlo. Desde entonces, y hasta el día de hoy, me pregunto y he preguntado a cientos de personas: si mañana estuvieras en tu lecho de muerte, ¿qué desearías haber hecho? Nadie ha respondido nunca: correr más rápido.

Ten en cuenta que no se trata solo de lo que nos ocurre a ti o a mí individualmente. De manera colectiva, el impulso de correr más rápido también está destruyendo el planeta. Estamos atrapados en un ciclo interminable de prisas, producción, consumo y de poseer más. Una carrera en la que nos estamos quemando y destruyendo.

Cuanto más rápido producimos y consumimos bienes, más dañamos el medio ambiente. Cuanto más buscamos la felicidad y la satisfacción fuera de nosotros mismos —un coche nuevo, un vestido nuevo o cualquier cosa que nos permita «comprar y exhibir nuestra salida de la tristeza», como dice el profesor de psicología Tim Kasser—, más probabilidades tenemos de estar deprimidos [20]. Nos enseñan a consumir, consumir, consumir… y a no pensar en los efectos secundarios, muchas gracias.

Sin embargo, ¿sabías que antes de que el marketing corrompiera la palabra *consumir* esta significaba «destruir», como en consumido por el fuego, o «malgastar», en el sentido de gastar energía?[21]

Para los líderes de hoy, es mucho lo que está en riesgo. No solo están en juego el bienestar propio, el éxito empresarial y la salud de la economía, también lo están la supervivencia de los sistemas de apoyo a la vida del planeta y el bienestar de las generaciones futuras. En este contexto, aprender a ir más despacio podría resolver muchos otros problemas. Es casi totalmente contrario al viejo guion, pero es nuestra mejor opción para evitar el colapso.

OPTIMIZA LA PRESENCIA EN LUGAR DE LA PRODUCTIVIDAD

Hay una forma mejor de replantear nuestra relación con la productividad, la sostenibilidad y un mundo en cambio. ¿Y sabes qué? Está justo delante de nosotros y forma parte del nuevo guion.

Para empezar, imagina por un momento que en lugar de optimizar la productividad optimizamos la presencia (por si te preocupa que esto suene poco riguroso para tu negocio, carrera o estilo de vida, te aseguro que no lo es). Permíteme que te lo explique.

El viejo guion está obsesionado con la optimización de la velocidad, la eficiencia y la productividad. Si se pueden recortar cinco segundos de la rutina diaria o pasar una llamada más en una tarde ya a tope, eso es una victoria. Cuantas más reuniones se puedan tener, mayor será tu sensación de valía o de importancia. ¡Mantente ocupado! ¡Éxito! ¡Progreso!

Durante mucho tiempo, incluso después de haber empezado a escribir mi nuevo guion, no me cuestioné este ajetreo. En los días más ajetreados hasta le seguí la corriente con alegría. Pero, cuanto más observaba, más innegable era la desconexión. Y cuando bajé el ritmo para profundizar en mi observación, me quedé boquiabierta. Espera, ¿qué estamos haciendo realmente? ¿Cómo nos hemos convencido unos a otros —y a nosotros mismos— de que más reuniones harán más importante nuestro legado? ¿Cómo nos hemos convencido de que ahorrar cinco minutos salvará nuestra alma?

Con el nuevo guion, en lugar de medir las reuniones, puedes medir la presencia: tu capacidad de estar plenamente en un momento, experiencia o decisión. Una reunión en la que todos estén plenamente presentes vale más que mil reuniones en las que la gente esté distraída.

En última instancia, la presencia tiene que ver con la atención y la respuesta. Estas cosas son diferentes, pero están estrechamente relacionadas: tú respondes a lo que estás prestando atención. Cuando vas deprisa, no puedes estar atento por completo. Cuando estás disperso, atiendes a las cosas equivocadas, lo que a menudo estropea tu respuesta. Por ejemplo, puedes responder por miedo en lugar de por amor, o por desprecio en lugar de por compasión, o terminar una conversación que de otra manera podría despertar tu curiosidad. En resumen, se estropea tanto la pregunta como la respuesta. Cuando el problema se malinterpreta o, peor aún, se pasa por alto porque vamos a la carrera, las soluciones nos seguirán eludiendo a todos nosotros.

Y, sin embargo, el quid de la solución es sencillo: reducir la velocidad mejora las posibilidades de captar el tema y dar una respuesta correcta. Pero eso no es todo: también descubres que el tiempo es lo que tú percibes que es. Por eso, cuando vas más despacio, en realidad tienes más tiempo.

Entonces, ¿cómo se aprende a optimizar la presencia? Afortunadamente, hay muchas maneras de empezar a hacerlo. Algunas pueden parecer tediosas y otras poco convencionales. Prueba las que más te interesen, sin pensar demasiado. He descubierto que, cuanto más extraña parece una nueva práctica, más desviados están los hábitos actuales.

- **Practica la quietud:** empieza con treinta segundos, luego un minuto, dos minutos, hasta cinco minutos (o más) de absoluta quietud. Esto no es meditación, es algo incluso más sencillo. Se trata de sentarse, aquietar la mente y ver por dónde va. No juzgues, solo observa. ¿Es tu mente capaz de relajarse o se acelera?

- **Practica el silencio:** el silencio —ya sea el de la naturaleza o el del final de un ciclo de respiración (*kumbhaka*)— ayuda a aquietar la mente. El silencio se puede encontrar casi en cualquier sitio: puede que tengas que buscar un poco, pero está ahí. Encuentra diariamente cinco minutos para bañarte en el silencio. Presta atención al vacío. Fíjate en lo que hay en el espacio entre tú y el sonido. ¿A qué te está llamando?

- **Practica la paciencia:** cultivar la paciencia es una de las formas más difíciles y a la vez más poderosas de correr más despacio. Escoge algo que sepas que va a llevar tiempo —por ejemplo, esperar una cita— y no llenes deliberadamente ese tiempo de espera con aplicaciones de redes sociales, llamadas, juegos de palabras o lo que sea. Solo espera. ¿Sientes que te has puesto a prueba o liberado?

- **Haz una lista de cosas para no hacer:** las listas de cosas por hacer nos ayudan a correr más rápido y a mantenernos en la rueda del hámster. Una lista de cosas para no hacer tiene el efecto contrario. Haz un borrador de ambas versiones y comprueba cuál de ellas es más fluida. (A mí me parece que una combinación de ambas puede funcionar bien, siempre y cuando lo que haya en mi lista de tareas para hacer sea realmente importante).

- **Microsabáticos:** haz una lista de oportunidades para hacer una pausa, ya sea por un momento o por un mes. El simple hecho de elaborar esta lista puede ayudar a aliviar la tensión porque se crea una sensación de espacio en lugar de ajetreo y sirve como recordatorio de las muchas formas que hay para reducir el ritmo.

- **Baños en la naturaleza:** la naturaleza es un microcosmos de cambio constante y un tutor inigualable para ir más despacio. Encuentra un lugar cercano de naturaleza —un bosque, un lago o un campo abierto— y absorbe el entorno a través de los cinco sentidos. No se trata de hacer senderismo, observar aves o acampar, sino simplemente de estar en la naturaleza. Los japoneses lo llaman *shinrin-yoku*, «baño de bosque» [22].

- **Sabat tecnológico:** una vez a la semana, desconéctate de toda la tecnología con pantallas: móviles, ordenadores, tabletas y televisión [23]. Si te parece demasiado, empieza con unas horas y ve aumentando hasta llegar a un día. Utiliza ese tiempo para la reflexión personal en silencio, quizás al estilo de la vieja escuela, con un bolígrafo y un papel.

Correr más despacio desplaza el foco de atención del exterior al interior, pues el objetivo es escuchar realmente lo que ocurre en el interior. No hay que apartar la vista, ni mirar hacia otro lado, ni huir. Esto es la presencia: cómo conectas con tu verdadero yo y aprendes que muchas de las respuestas que buscas están dentro de ti... si puedes ir lo bastante despacio para escucharlas.

PROTEGER EL ACTIVO

La primera vez que oí esta frase fue en China, mientras escuchaba a un grupo de empresarios internacionales que habían pasado por importantes alteraciones de salud y hablaban de cómo enfrentarse a esa situación en la que la enfermedad frustra los planes mejor trazados. La frase era: «No importa cuál sea tu mentalidad, tu cuerpo sigue llevando la cuenta»[24]. No podemos seguir tratando los estados de cansancio, ansiedad y agotamiento simplemente haciendo ejercicio y comiendo mejor. Debemos abordar las fuentes subyacentes de estas condiciones y reducir el ritmo de forma significativa y constante.

«Proteger el activo» es reconocer que, cuando tu mente está herida, tu cuerpo también lo está y ninguno de los dos funciona bien. Para conseguir una mentalidad más sana también hay que abordar los aspectos somáticos de nuestra relación con la velocidad. Y no hay forma de que nadie se cure corriendo. Todo lo contrario: correr cada vez más rápido acaba matando. Así que hay que ir más despacio.

El primer paso para proteger el activo es evaluar cómo tu cuerpo retiene y encarna la velocidad. Yo pienso en esto como un pequeño chequeo de salud conmigo mismo. ¿Cómo me siento? ¿Qué partes de mi cuerpo están aceleradas? ¿Cuáles son las que hablan y qué dicen? No se trata de juzgarte a ti mismo ni de intentar cambiar las sensaciones. Se trata, estrictamente, de prestar atención y ver qué surge. A menudo asociamos el dolor de cuello, hombros o espalda baja con el estrés, pero —no es una broma— el dolor y las sensaciones pueden aparecer en cualquier parte: en el codo, el pie o los pulmones.

El dolor de corazón es real: no solo duele por los demás, sino también por tu propio bienestar.

Presta atención al malestar. Siéntate con él y empieza a profundizar, a entender lo que hay detrás. Escribe sobre ello. ¿Intentas «superar» el malestar ignorándolo o le dedicas el tiempo que se merece?

Nuestro cuerpo se comunica con nosotros constantemente, pero a menudo ignoramos sus señales. En un mundo en constante cambio, las señales del cuerpo pueden parecer más confusas, pero aún es más importante entenderlas. Tu herramienta somática más poderosa es la respiración: es como una navaja suiza, porque tiene muchas funciones. Entre otras cosas, es el puente entre tu mundo interior y el exterior, entre el cuerpo y la mente. Mientras navegas por el cambio constante, comprometerte a una práctica de respiración —incluso unos minutos al día— se convierte en algo esencial.

El yoga también puede ayudar. En el siglo XXI, la mayoría de las personas piensan en el yoga como una práctica física. Sin embargo, durante los primeros tres mil años de su existencia, se cree que no había asanas (posturas físicas). Solo existía la respiración (prana) y la meditación sentada. La propia palabra *yoga* significa «unión»: del cuerpo con la mente, del individuo con todo lo demás. El objetivo del yoga es calmar las fluctuaciones de la mente, lo que los practicantes a lo largo de la historia comprendieron que implicaba alinear el cuerpo. Este no es más que un recipiente a través del cual calmamos nuestra mente y conectamos con los demás.

Más recientemente, se ha popularizado el Entrenamiento de Conciencia Sensorial (SAT), una práctica que ayuda a mejorar la conciencia de los sentidos. Esta incluye una serie de ejercicios, desde el «chequeo de los cinco sentidos» (pasar un minuto centrado en cada uno de ellos), al desarrollo de «instantáneas mentales» (mirar alrededor, cerrar los ojos y ver cuánto se recuerda) y andar descalzo [25].

Más allá de las construcciones formales, hay una serie de prácticas y hábitos personales sencillos pero potentes que ayudan a funcionar más despacio y a proteger el activo:

- Come más lentamente, notando y saboreando cada bocado.
- Anda más despacio, prestando atención a los detalles de tu camino: la pátina de un edificio, la textura de las flores, los ojos de las personas que te encuentras. Mejor aún, camina con un niño pequeño y deja que sea él quien marque el ritmo. Sigue sus exploraciones.
- Caminar en lugar de conducir, conducir en lugar de volar: reduce tu ritmo de viaje.
- Baila en lugar de caminar hacia un destino. En vez de poner un pie delante del otro, deja que todo tu cuerpo te guíe (las miradas de los demás merecen la pena: ¡puede que incluso provoques una fiesta!).

HUIR DE NOSOTROS MISMOS

Hoy en día, muchos seres humanos tienen un miedo primario a ir más despacio. Porque se teme al estigma social, a la incredulidad y la condescendencia de los demás si nos salimos de la vía rápida y existe la pérdida potencial de nuestro valor para la sociedad, ya que, si no estamos siempre en marcha, ¿qué somos?

Y cuanto más se asume esto, más difícil es dejarlo. En términos generales, la sociedad actual se caracteriza por aferrarse al estatus, a la riqueza y a la certeza de lo desconocido. De manera que, cuanto mayor sea la pirámide de actividades y logros, mayor será la sensación de ser uno mismo, aunque en el fondo la persona se sienta desgraciada.

La incoherencia de esto es que «hacer más cosas» no es lo mismo que el progreso, el valor o la valía. Como dice el filósofo Tias Little, «desde una perspectiva espiritual, ir deprisa y tachar cosas de una lista de tareas es lo contrario al progreso» [26]. Según Little, nos hemos quedado atrapados en el «veloz torbellino» de la tecnología, la sociedad y las expectativas. Estamos atascados en los «carriles de velocidad de la vida», llenos de inquietud y frustración, y muchas personas se han hecho adictas a esta velocidad. Sin embargo, tener la agenda repleta no significa necesariamente que estemos creciendo; es más probable que estemos corriendo para escapar de nosotros mismos.

Esta velocidad se queda enganchada a tu cuerpo y afecta a tu capacidad de pensar, concentrarte, soñar y crear; te impide simplemente ser; compromete tus nervios, tejidos conectivos y glándulas; dificulta la fisiología y la química del cerebro. Así, tu cuerpo lleva la cuenta mientras tu cerebro intenta justificar un ritmo que va en tu contra.

Tuve un atisbo de correr más despacio después de la muerte de mis padres, pero eso era una pieza de un rompecabezas más complicado, porque seguía huyendo de mí misma. Más de una década después, aunque había bajado el ritmo para hacer el duelo, seguía viviendo una vida «rápida»: trabajaba muchas horas, viajaba por negocios a una veintena de países diferentes cada año, y por placer aún más, y me lanzaba a todo lo que podía. Por fuera, lo hacía todo (o, al menos, mucho); sin embargo, en mi interior seguía estando atormentada por la ansiedad. Cuanto más conseguía fuera, más ansiosa me sentía por dentro. Mis raíces eran finas y sabía que en algún momento podrían quebrarse;

y ninguna seguridad externa (financiera, profesional, de reputación, etc.) ni las garantías de los demás podrían frenar esa caída.

Al final, encontré el camino hacia las terapias cognitivo-conductuales (CBT) y de movimiento ocular (EMDR), donde descubrí la profundidad de mi ansiedad y mi adicción a la velocidad. Este descubrimiento me cambió la vida. Pero igualmente revelador fue lo que me llevó a observar en muchas otras personas, de una amplia variedad de entornos y culturas, que existe una correlación casi perfecta entre la ansiedad y los logros.

He formado parte de círculos de liderazgo en los que todos los individuos, de diversas culturas, se sentían ansiosos y eran incapaces de abordar la ansiedad adecuadamente. A menudo veo a personas de alto rendimiento en su punto álgido, que simplemente siguen corriendo porque no saben qué otra cosa hacer, y están demasiado asustados o tienen el piloto automático activado por completo y no pueden parar. Incluso aquellos que tienen claro su propósito personal suelen ser adictos a la velocidad y coquetean regularmente con el agotamiento. Ni que decir tiene que esta ni es forma de vivir, ni presagia que las organizaciones o la sociedad vayan a crecer bien. El imperativo de correr más despacio es urgente.

PENSAR DESPACIO Y RETRASAR LA DECISIÓN

Lento es suave, lo suave es lo rápido.

Adagio de los Navy Seal

Correr más despacio no solo mejora tu bienestar emocional y físico. También te ayuda a tomar mejores decisiones y a obtener mejores resultados.

En el día a día, nuestra forma de pensar —y la rapidez con la que reaccionamos— afecta a nuestras relaciones personales y profesionales, ya sea porque consigas apaciguar una discusión, hagas una inversión inteligente, arregles una amistad o ganes un partido. A la larga, tu capacidad para calcular el tiempo tiene un profundo impacto en el desarrollo de tu vida, ¡eso es todo!

Las investigaciones han demostrado una y otra vez que, siempre que sea posible, es mejor no tener prisa. En otras palabras, cuanto más puedas esperar, mejor [27]. No se trata de procrastinar, sino de observar, evaluar, sentir, procesar, actuar... y hacer una pausa para obtener el mejor resultado posible.

Correr más despacio está naturalmente alineado con el concepto (y el libro) *Pensar rápido y despacio*, popularizado por el profesor de Princeton y premio Nobel Daniel Kahneman, quien revela cómo escuchamos demasiado a las personas que piensan rápida y superficialmente, y muy poco a las que piensan lenta y profundamente [28]. Con demasiada frecuencia, pasamos el día frenéticamente sin reservar tiempo para pensar, aprender y desaprender, aunque esto es exactamente lo que necesitamos hacer para pensar con más claridad.

Cuando corremos deprisa, automáticamente caemos en el modo de pensamiento rápido: reaccionamos con rapidez y optamos por lo que nos resulta familiar o intuitivamente cómodo. Pero, como nos muestra Kahneman [29], ser rápido puede hacer que parezcas inteligente, pero no te hace sabio. Optar por lo que nos es familiar significa que nos perdemos lo que es nuevo, y no nos prepara para fluir.

Tu capacidad para pensar más despacio está directamente relacionada con la rapidez (o lentitud) con la que decides, con resultados sorprendentemente similares. Como dice Frank Partnoy, autor de *Wait: The Art and Science of Delay*: «La cantidad de tiempo que nos tomamos para reflexionar sobre las decisiones define quiénes somos... Una decisión sabia requiere reflexión, y la reflexión requiere una pausa»[30].

Partnoy ha estudiado el retraso en el contexto de todo tipo de actividades, desde el tenis de Wimbledon hasta la cartera de inversiones de Warren Buffett. Resulta que la capacidad de los deportistas de élite de «observar primero, procesar después y actuar en tercer lugar —en el último momento posible—, también funciona bien para nuestras decisiones personales y empresariales»[31]. Esto requiere una capacidad de ralentizar y retrasar el tiempo. Para los jugadores de tenis, se trata de la pausa de una fracción de segundo que se produce entre que ven y golpean la pelota. Para los pilotos de guerra es el bucle OODA (observar-orientar-decidir-actuar)[32]. Para el resto de nosotros es la pausa entre herir los sentimientos de alguien y ofrecer una disculpa auténtica.

Y, sin embargo, en el acelerado mundo actual, la capacidad de retrasar las decisiones está todavía más en peligro. Así, en mi papel de asesora de empresas emergentes he visto a numerosos emprendedores correr tras el capital riesgo. No importa si su idea era maravillosa, descabellada o mediocre, corrían en pos de la financiación como si el sector del capital riesgo (y su prestigio personal) fuera a cerrar mañana.

Sin embargo, según mi experiencia, los emprendedores que aceptan el dinero de la primera persona o empresa que les ofrece financiación se encuentran con demasiada frecuencia problemas en el camino. Porque ni los fundadores ni los inversores se toman el tiempo necesario para comprender plenamente la ética, las expectativas o la misión de cada uno. Dejan que los números pesen más que la integridad. Se dejan cegar por la promesa de un rendimiento rápido en lugar de inspirarse en el hecho de que la creación de valor lleva tiempo.

Esto contrasta con el concepto de *slow money*: el «capital paciente» que da prioridad a la inversión en sistemas sostenibles a largo plazo en lugar de hacer dinero rápido y huir[33]. Cuando llegue el cambio, ¿qué tipo de inversión preferirás?

Correr más despacio te ayuda a pensar más lentamente y a retrasar las decisiones, lo que te permite gestionar tu tiempo —en lugar de que el tiempo te gestione a ti— y sacar lo mejor de ti.

> *Por lo general, las cosas malas suceden rápido*
> *y las buenas, lento.*
>
> Marca Stewart

DE FOMO A JOMO

En 2004, el estudiante de la Harvard Business School Patrick McGinnis, en una entrada de su blog sobre teoría social[34] acuñó los acrónimos FOMO y FOBO, iniciales en inglés de *fear of missing out* y *fear of better options*. Sostuvo que los estudiantes de la HBS estaban abrumadoramente plagados de FOMO (miedo a perderse algo) y FOBO (miedo a tener mejores opciones), lo que llevaba a horarios y comportamientos sociales demenciales que contradecían la supuesta inteligencia de los alumnos.

En los años transcurridos desde entonces, el FOMO se ha generalizado. Hoy en día es un término que se escucha con facilidad a los quinceañeros y a los cincuentones. A toda la sociedad le da pánico perderse algo.

El proceso de pensamiento es más o menos así: las tecnologías hiperconectadas facilitan que la gente comparta lo que hace y que los demás lo vean, lo oigan y lo conozcan. Al estar expuestos a un número cada vez mayor de personas, lugares y actividades, nuestros cerebros reaccionan diciendo: ¡mira todo lo que no estás haciendo! Incluso los multitarea solo hacen realmente una cosa, en un lugar y en un momento dado. El FOMO y el FOBO hacen que nuestros cerebros se desvirtúen. Y cuando se trata de nuestro ritmo de vida, todo se ve exacerbado por el miedo a ir más despacio. Si vamos más despacio, nos quedamos atrás, perdemos, y el ciclo FOMO/FOBO vuelve a empezar.

McGinnis reconoce que el FOMO es una locura, pero es real. Originalmente, sugirió una alternativa: el miedo a hacer cualquier cosa (FODA), que se caracterizó como un estado de parálisis y nunca se puso de moda realmente. En su lugar, fue sustituido por un fenómeno más optimista: JOMO o el miedo a perderse algo que se convierte en la alegría de perderse algo [35].

Podemos darle la vuelta a nuestro FOMO y convertirlo en algo positivo. En lugar de correr más rápido y preocuparnos por todo lo que no hacemos, podemos correr más despacio y alegrarnos por ello.

En una entrevista con el experto en esencialismo, Greg McKeown, McGinnis sugiere tres pasos para empezar a sacar tu FOMO [36].

1. Fíjate la próxima vez que sientas FOMO.
2. Pregúntate: ¿son celos o podría estar revelando algo más profundo que estoy llamado a hacer?
3. Reserva un tiempo durante la próxima semana para profundizar en este sentimiento.

Luché contra el FOMO y el FOBO durante años, hasta que gradualmente me fui dando cuenta de lo mal que me hacían sentir. En mi búsqueda por superarlos, uno de los ejercicios más poderosos fue uno muy sencillo: la práctica de crear y mantener un espacio para prestar atención. Todavía lo hago con frecuencia y siempre me ayuda.

Cuando sufrimos de FOMO, la vida se convierte en un juego de Tetris en el que debes encajar lo máximo posible en un día determinado, por lo que crear y mantener un espacio para estar atentos es la antítesis. Así es como puedes empezar:

- Observa cómo te sientes en los espacios vacíos intermedios.
- Observa tu respiración.
- Observa el espacio entre las notas de la música.
- Observa el espacio entre las hojas de los árboles.
- Observa el espacio que se abre cuando prestas atención.

Cuando desarrollas el superpoder de correr más despacio, abres el espacio para que se cuele el JOMO y con ello puede que descubras que la envidia que antes sentías se funde con la compasión, la lástima y la bondad. Hoy en día, me encanta estar en el cambio, pero me alegro de no tener un espacio estructurado, ya sea en mi calendario o en mi alma. Una vez que experimentas el JOMO, es difícil no querer ayudar a otros a correr más despacio y sentirlo también.

¿QUÉ ROSAS?

Los escépticos de correr más despacio, de no hacer y de JOMO dicen: «Ah, ya lo entiendo, ¿así que deberíamos parar y oler más las rosas?». Aunque creo que el mundo sería un lugar mejor si apreciáramos más la belleza de la naturaleza, este enfoque deja muy corto el potencial de este superpoder.

Por supuesto, la vida no siempre consiste en ser lento. Hay momentos para volar como el viento, lanzarse a la pasión o trabajar toda la noche en pos de tus sueños. Son momentos que hay que apreciar, aunque agoten tus reservas.

Sin embargo, el reto y la preocupación más importantes son que no podemos mantener conversaciones significativas, desarrollar soluciones verdaderamente innovadoras o expresar o recibir plenamente el amor cuando vamos con prisas. Como dice George Butterfield, cuya empresa de viajes tiene como eslogan «Reduzca la velocidad para ver el mundo»: «¡Estas cosas no ocurren porque no pueden ocurrir a 700 millas por hora! ¿Dónde están las conversaciones sobre este frenesí en nuestras escuelas y organizaciones, o alrededor de la mesa de la cena? [37]». No solo nos perdemos las rosas por completo (¡¿qué rosas?!) cuando corremos demasiado rápido, sino que las generaciones futuras continúan con nuestras tradiciones de agotamiento, ajetreo y negocios insostenibles... hasta el punto de colapsar.

Cuando miramos hacia un futuro en cambio, esta carrera cada vez más rápida parece aún más extraña y peligrosa. En un mundo en transformación, debemos correr más despacio: no para acabar, sino para crecer.

REFLEXIONES: **CORRE MÁS DESPACIO**

1. ¿En qué áreas de tu vida sientes que corres demasiado rápido?
2. ¿De quién o de dónde viene tu «necesidad de velocidad»? ¿Te impulsas a ti mismo a correr más rápido o son otros quienes te impulsan?
3. ¿Cuándo empezó la presión para correr más rápido? ¿La notaste en ese momento?

4. ¿Cuáles son tus mecanismos típicos para enfrentarte a las cosas? ¿Cuáles te han sido más útiles? ¿Cuáles necesitas reemplazar o jubilar?

5. Si bajaras el ritmo, ¿qué crees que descubrirías?

Fíjate en cómo ha evolucionado tu forma de pensar en el transcurso de la lectura de este capítulo. Integra estas ideas en tu nuevo guion.

2

VER LO INVISIBLE

El verdadero viaje de descubrimiento no consiste
en buscar nuevos paisajes, sino en tener nuevos ojos.

MARCEL PROUST

He trabajado en Sudáfrica en varios momentos de mi carrera.
Mi primer contacto, hace muchos años, fue colaborando con
instituciones de microfinanciación y responsables políticos
centrados en la inclusión financiera. Más recientemente, reali-
cé una encuesta a nivel nacional sobre la economía colaborativa de este país para entender mejor quiénes participaban y
cómo se veía el concepto en la nación del arcoíris.

Mientras viajaba —cuando subía a los taxis, entraba en
las tiendas y observaba a los lugareños— oía a menudo *sawu-*
bona, que es un saludo zulú habitual. El zulú es el grupo étni-
co más numeroso del país, y *sawubona* es la forma de decir
«hola». Esta palabra suave, melódica, que se desliza por la
lengua al pronunciarla me fascinó. Pregunté sobre ella a la
gente que conocí e investigué más. Resulta que aunque se traduce como «hola» su significado es mucho más profundo que
un saludo casual.

Sawubona significa literalmente «te veo». Os veo a todos:
vuestra cavidad y vuestra humanidad. Veo vuestra vulnerabili-

dad y vuestro orgullo, vuestros sueños y vuestros miedos. Veo vuestra capacidad de acción, vuestro poder y vuestro potencial[38].

Te veo y te valoro. Te acepto por lo que eres. Eres importante para mí y formas parte de mí. En la tradición zulú, ver es más que el simple acto de la vista. *Sawubona* hace visible al otro de una manera que el hola no hace. Es una invitación a ser testigo y a estar de verdad, plenamente, en presencia del otro. La respuesta habitual a *sawubona* es *shikoba*, que significa «existo para ti».

Cuando decimos «hola», ¿qué queremos decir realmente? ¿Esta capacidad de ver más allá de la vista es innata en nosotros o es algo que debemos aprender?

¿Y qué pasa cuando lo hacemos?

EL SUPERPODER: **VER LO INVISIBLE**

Cuando sientas que la vida se ve borrosa o que el futuro es incierto, cambia tu enfoque de lo que es visible a lo que es invisible.

De niños suelen enseñarnos a mirar al frente y a concentrarnos ya sea en una meta, un destino o un logro concreto. Aprender a leer, sobresalir en los deportes y las actividades extraescolares, y graduarse como el mejor de la clase. Estos hitos están determinados en gran medida por las culturas, normas y expectativas de la sociedad en la que te has criado y sirven de orientación hacia el futuro.

A medida que los niños crecen, sus habilidades y horizontes pueden ampliarse, pero en muchos aspectos su ámbito de actuación se reduce. En poco tiempo, los niños se convierten en adolescentes, y luego en jóvenes adultos de los que se espera que sigan carreras y que adquieran experiencia en un área, pero que dejen poco espacio para incursionar más allá de él. En general, los adultos también nos orientamos hacia círculos sociales diseñados para mantenernos dentro de nuestras zonas de confort y comunidades de elección. Seguimos un ecosistema institucional —desde la cultura del consumo hasta los programas educativos, pasando por la sanidad pública y los partidos políticos— que se asegura de que tengamos ciertos conocimientos y descarta, ignora o trata de ocultar el resto.

En este proceso, cada persona se entrena, ya sea de forma consciente o no, a ver ciertas cosas. Lo que tú ves está incorporado a tu guion; lo que yo veo está incorporado al mío. Y, al hacerlo, cada uno de nosotros también está entrenado, ya sea por elección o por defecto, para no ver otras cosas porque cultivamos ciertas raíces y descartamos otras. Este es un fenómeno universal: no es una crítica a ninguna cultura o punto de vista en particular. Todas las culturas y las personas se enfrentan a esta realidad. Nadie ve el panorama completo. Lo mejor que se puede hacer es tomar conciencia y aprender a ver lo que se está perdiendo.

No me malinterpretes: las normas sociales tienen un propósito importante. Las normas ayudan a garantizar que los individuos crezcan con valores, habilidades, relaciones y la capacidad de contribuir a la sociedad, además de ayudar a mantener el orden y la estabilidad. Aunque, en general, cualquier conjunto de normas sociales representa solo una forma de ver y estar en el mundo: una parte de un espectro humano infinitamente más amplio.

Sin embargo, cuando el mundo se pone al revés, este enfoque estrecho puede causar estragos y arrancar las raíces del suelo. De hecho, cuanto más grande sea el cambio o más estrecho sea el enfoque, más perturbador será el trastorno y menos opciones se tendrán para recuperar el equilibrio.

Cuando mis padres murieron, me quedé temporalmente ciega. Tenía los ojos abiertos, pero no podía ver. Me sentía sin rumbo, la pena y la incertidumbre me envolvían como una niebla. Avancé a tientas, sin saber cuál era el siguiente paso, preguntándome dónde estaban las barandillas. Me faltaba lo que estaba perdido y ahora era invisible. Me llevó tiempo aprender a ver de forma diferente, a ver más allá y a ver lo invisible. Sin embargo, cuando lo hice, la niebla se disipó. No es que pudiera volver a ver: podía ver mejor. Mi visión había mejorado drásticamente.

Hoy, mucha gente —quizás tú también— echa de menos lo que ya no está. Hay un vacío, una ausencia de lo que fue y un desconocimiento de lo que viene. Puede que lo sientas o que te cueste identificarlo. Puede que te cueste imaginar, y mucho más ver, un futuro diferente. Puede que te sientas como una sombra de ti mismo, incapaz de ver lo que realmente eres y deseas ser. Según el viejo guion, estas cosas son invisibles. Sin embargo, están muy vivas.

Cada uno de nosotros se inspira en lo que ve. Pero en un mundo en constante cambio, ese principio solo nos lleva hasta un cierto punto. ¿Cómo podemos ir más allá de lo que alcanzamos a ver y encontrar inspiración en lo que no podemos observar? ¿Cómo aprendemos a ver de forma diferente y a hacer visible lo invisible? Todo esto está directamente relacionado con la escritura de tu nuevo guion.

En efecto, un mundo en transformación exige un nuevo guion en el que tú, yo y toda la humanidad podamos ver con mayor amplitud, de manera que veamos lo que está en la periferia, lo que aparece al revés o al derecho, lo que no hemos visto, y lo que nos han enseñado a creer que no existe.

Aprender a ver lo invisible no significa perder la concentración o ignorar lo visible. Todo lo contrario: es la capacidad de ajustar la mirada, ver el panorama completo y comprender realmente qué es lo que ocurre. Cuando se aprende a ver lo invisible, resulta más fácil aceptar el cambio actual y un futuro lleno de incógnitas.

TU ORIENTACIÓN SOCIAL Y CULTURAL DETERMINA QUÉ Y CÓMO VES

El pueblo himba del noroeste de Namibia tiene una asombrosa capacidad para concentrarse en los pequeños detalles. Son una tribu seminómada que se dedica al pastoreo y cuenta la riqueza por el número de cabezas de ganado que posee. Los himba tradicionales tienen una capacidad de concentración casi preternatural: mantienen su atención e ignoran las distracciones con mucha más facilidad que las culturas más «modernas»[39]. ¿Podría ser que la excepcional visión de los himba se deba a su necesidad de identificar cada una de las marcas de su ganado?, ¿o podría ser que la ausencia de tecnología moderna en la vida diaria les haga distraerse con menos facilidad?

Las tribus iroquesas de Norteamérica creen que todas las personas, animales y objetos naturales animados e inanimados poseen un poder invisible llamado *orenda*. Se trata de un poder colectivo de las energías de la naturaleza; y todas y cada una de las cosas que la poseen pueden comunicar su voluntad e influir en tu experiencia de alguna manera[40]. Además de los seres humanos, las tormentas, los ríos, las rocas y los pájaros poseen *orenda*. Esta es también una parte esencial de la búsqueda de la visión de los iroqueses, un rito de paso que otorga a cada miembro de la tribu un espíritu guardián personal. ¿Cómo afecta el hecho de que creamos que el poder es visible o invisible a la forma en que nos mostramos en el mundo?

Eres lo que ves... y mucho más

Detente un momento y piensa en qué ves y cómo lo ves realmente. Piensa, por ejemplo:

Cuando conoces a alguien por primera vez, ¿cuál es la primera pregunta que le haces?

En una entrevista de trabajo, ¿pasas más tiempo hablando de la experiencia profesional que figura en el currículum del candidato o de la experiencia vivida que no figura en él?

Cuando conoces a una persona por primera vez, ¿sientes que se puede confiar en ella?

¿Crees que si algo no se puede medir, entonces no existe?

¿Crees que el capitalismo es potenciador u opresor? ¿El espacio vacío te inspira, te aburre o te asusta?

¿Crees que expresar la propia vulnerabilidad es valiente o apático?

¿Te has enfrentado a retos organizativos que eran «difíciles de ver» según los modelos tradicionales de estrategia?

Si pudieras conducir con un solo juego de faros, ¿elegirías las luces cortas o las largas?

¿Sientes que te falta algo en tu vida, o que algo te está esperando, pero no puedes identificar qué?

Si alguna de estas preguntas te intriga o te suena verdadera, este capítulo es para ti.

En Japón se emplea *satori* (悟り), un término budista zen para el despertar. Se deriva del verbo japonés *satoru*, que significa «conocer o comprender». *Satori* se relaciona con la experiencia de *kenshō*, «ver la verdadera naturaleza de uno». *Ken* significa «ver» y *shō*, «naturaleza o esencia». ¿Es posible que tener un rico vocabulario, tradiciones y animar a ver dentro de uno mismo ayude a los japoneses a reconocer (al menos algo) lo que es invisible? ¿Podría ayudarles esto a aceptar el cambio?

Ninguna escritura es mejor que otra. Las tradiciones himba, iroquesa y japonesa son simplemente guiones diferentes, escritos por culturas distintas. Sin embargo, todas reconocen lo que es invisible y, al hacerlo, iluminan nuevas formas de comprensión.

La forma en que vemos es profunda y amplia, independientemente del tipo de sociedad en que vivamos. Nuestras construcciones sociales determinan cómo criamos a los niños (por parte de los padres, los parientes, las «tías» o todo un pueblo), cómo cooperamos, cómo organizamos la actividad económica y, a su vez, cómo la economía nos organiza.

Por ejemplo, en términos generales, los habitantes de Japón, China y gran parte de Asia tienden a ser más colectivistas, mientras que los occidentales tienden a ser más individualistas. En definitiva, las sociedades colectivistas valoran la interdependencia colectiva, el bienestar de la comunidad y el «nosotros» por encima de la independencia individual y el «yo». Las culturas colectivistas suelen hacer hincapié en la cooperación entre los miembros de la comunidad y en la resolución conjunta de los problemas, mientras que las culturas individualistas dejan estas cosas en manos de cada uno. Estas son afirmaciones generales y, por supuesto, hay algunas excepciones, pero en general existe un amplio consenso sobre estas diferencias.

La cuestión es que estas orientaciones sociales influyen fundamentalmente en nuestra forma de ver. Por ejemplo, las personas que viven en sociedades colectivistas tienden a dar prioridad al contexto de una situación social y a la imagen global a la hora de resolver problemas. Se centran en las relaciones generales y en la interacción de los sistemas más allá del control individual. Cuando se les pide que describan una imagen, dedican más tiempo a explicar el fondo y el entorno.

En contraste, las personas de las sociedades individualistas tienden a centrarse en elementos separados y, sobre todo, en la imagen principal de un dibujo. Incluso los dibujos de los niños se centran en el «yo». Los dibujos de los niños de las sociedades colectivistas tienden a incluir un contexto más holístico: nuestra orientación social empieza desde pequeños. Los individualistas tienden a considerar que las situaciones son fijas y que cualquier cambio que se produzca es el resultado del esfuerzo individual y de la fuerza de voluntad [41].

Además de la cultura, la profesión también influye en la forma de ver. Por poner un ejemplo de la agricultura: el cultivo de arroz es mucho más intensivo en mano de obra y requiere mayor cooperación que el cultivo de trigo. El del arroz depende de complejos sistemas de riego que abarcan muchas explotaciones diferentes. La colaboración entre vecinos es esencial, pues ningún arrozal prosperaría por sí solo. En cambio, el cultivo de trigo depende de las lluvias y no del riego, y requiere la mitad de trabajo humano. Los agricultores de trigo no necesitan colaborar mucho entre sí y pueden centrarse en sus propios cultivos. Aun así, estos agricultores tienden a cooperar más que los pastores que, en general, supervisan sus rebaños de forma independiente (aunque con un claro conjunto de normas de pastoreo culturalmente aceptadas) [42].

¿Y qué tiene que ver todo esto con fluir?

Cuando llega el cambio, recurrimos por defecto a nuestros guiones sociales y culturales. Lo que tú, yo o cualquier persona ve —y no ve— es el resultado de este guion. Pero si no puedes ver lo que te fundamenta, es mucho más difícil avanzar, porque puede darte miedo dar el siguiente paso o evaluar tu mejor dirección.

Un mundo al revés nos da a todos la oportunidad de considerar una nueva gama de soluciones y perspectivas, y de actualizar nuestros guiones. Mereces verlo todo: lo visible y lo invisible, lo tangible y lo intangible, lo que está delante de ti y lo que apenas puedes imaginar. ¿Por qué? Porque, cuanto más amplia sea tu visión, más soluciones potenciales tendrás a mano y, cuanto más holística sea tu visión del mundo, mayor será tu capacidad de ayudar, de servir, de innovar… y de prosperar.

COMPRUEBA TUS PRIVILEGIOS Y OPCIONES

Al aprender a ver lo que es invisible, el privilegio es un escollo espinoso porque ciega, ya que limita la percepción de la gente de lo que está en su guion impidiéndoles ver el panorama completo y lo que hay entre bastidores.

El privilegio no es único. Hay privilegios con los que se nace, otros que se adquieren de las personas que se conocen, por el trabajo duro y por la pura suerte. Por ejemplo, hay diferentes tipos de privilegios relacionados con la obtención de un título universitario, con la posibilidad de pagar la universidad, con el apoyo o los modelos de conducta para asistir a la universidad, con el hecho de vivir en un lugar con acceso a una educación de calidad y con el de haber nacido con un cuerpo y una mente sanos y capaces de estudiar e imaginar.

Superar la ceguera inducida por el privilegio requiere aprender sobre las desigualdades que el privilegio conlleva. Pero no basta con aprender sobre los privilegios, se necesita una acción deliberada para hacer visible lo invisible: denunciar el privilegio, aunque resulte incómodo.

Existe una tensión similar con las opciones. Una opción es algo en el que uno tiene el poder, el derecho, la oportunidad o la libertad de elegir. En igualdad de condiciones, cuantas más opciones tenga la gente, mejor posicionada estará para afrontar el cambio y la incertidumbre.

La opcionalidad es la capacidad de mantener abiertas tantas opciones como sea posible. Aumentarás tu capacidad de elección manteniendo la mente abierta, teniendo un plan B (C, D o E) y ampliando tu visión periférica para incluir más posibilidades [43].

La vida presenta nuevas opciones a cada persona, cada día. Muchas son pequeñas y no cambian la existencia, pero en tiempos de grandes cambios, surgen más opciones, incluidas las que cambian la vida. Las que te hacen decir «¿Y si?» o «Si no es ahora, ¿cuándo?».

Un mayor privilegio suele asociarse con más opciones. Sin embargo, el gancho es que si no has aprendido a ver lo que es invisible, el privilegio te cegará. Cuanto más percibas lo que tienes en juego, mayor será el riesgo de pérdida que percibas.

Los privilegios y las opciones juegan en cualquier rincón de la vida. En mi caso, la pérdida de mis padres puso de manifiesto el privilegio de tenerlos y eliminó varias opciones (desde la estructura familiar hasta las expectativas de futuro). Al mismo tiempo, puso de relieve mis privilegios de salud, educación, raza y curiosidad, y abrió nuevas opciones (como formar una «familia de elección» y horizontes profesionales en los que nunca había pensado) que no habrían surgido de otro modo.

**¿Qué es lo que tu visión del mundo hace visible...
y qué mantiene invisible?**

Tómate un momento y piensa en quién y qué es lo que más ha moldeado tu visión del mundo: desde los valores que te inculcaron tus padres o cuidadores hasta dónde viviste y fuiste a la escuela, o a quiénes son tus amigos, tu profesión y tus ambiciones, así como tus creencias sobre el futuro. Aquí tienes algunas preguntas para empezar:

¿Qué aspecto tiene el miedo para ti, o cómo lo sientes? ¿Te enseñaron a temer el cambio o a aceptarlo?

¿Te dijeron que fueras rápido para confiar o rápido para desconfiar?

¿Te animaron a juntarte con gente como tú o diferente a ti?

¿De qué manera los privilegios te han cegado o te han impedido ver el panorama completo?

¿Qué se borró de tu visión del mundo? ¿Qué ha quedado fuera de tu guion?

*Es fácil ver cómo se mueven las ramas de los árboles,
pero se necesita práctica para ver el viento.*

ELAINE GENSER SMITH, empresaria social y ejecutiva

La conclusión es: para prosperar en el cambio constante, intenta tomar decisiones que mantengan tus opciones abiertas, incluidas las de cambiar tu forma de pensar y lo que priorizas. Es probable que algunas sean invisibles hoy en día, y que otras estén nubladas por el privilegio. Sin embargo, cuando dejas los privilegios en la puerta, puedes ver un futuro más rico y significativo por delante.

¿CÓMO VES A LOS DEMÁS? CONSUMIDOR VS. CIUDADANO

¿Alguna vez te has parado a pensar en la palabra *consumidor*? Lo más probable es que no. Esta palabra suele emplearse mal y despreocupadamente.

Mucha gente considera que el consumo es un término especializado para describirnos a nosotros mismos y a casi todos los aspectos de nuestra vida cotidiana: desde los productos y servicios que diseñamos, compramos y utilizamos, hasta la forma en que alimentamos nuestros cuerpos, en que aprendemos y jugamos, o las noticias y la información que —¡sorpresa!— consumimos. El término no se limita a los clásicos bienes de consumo, como los cereales para el desayuno, los teléfonos inteligentes y los coches; ahora también «consumimos» educación, atención sanitaria, entretenimiento e incluso elecciones.

La sociedad actual es hiperconsumista, pero no siempre fue así.

De hecho, durante la mayor parte de la historia de la humanidad, la palabra *consumidor* no se utilizaba para describir y mucho menos para denigrar a nadie. La actual cultura del hiperconsumo se remonta a unos cien años atrás, con la llegada del marketing de masas. Este surgió como resultado de la nueva plétora de productos desarrollados en la Revolución Industrial, que transformó la sociedad de innumerables maneras positivas y, al mismo tiempo, cambió sutilmente nuestro sentido del valor[44]. Antes se nos consideraba seres humanos cuyo trabajo era contribuir a la sociedad y ayudar a los demás. Con la llegada del marketing de masas, pasamos a ser vistos como consumidores, cuyo principal trabajo es consumir. Nació un nuevo guion impulsado por el consumo.

Y sin embargo, como vimos en el capítulo 1, el significado original de «consumir» es «destruir», como en «consumido por el fuego». Hasta hace poco, el consumo no impulsaba el producto interior bruto (PIB); te mataba. En español, *consunción* es otra palabra para referirse a la tuberculosis. En latín, *consummare* significa usado, gastado, terminado.

Habilidades invisibles

- ¿Confías más en tu cabeza o en tu corazón?
- Cuando contratas a alguien, ¿qué consideras más importante?, ¿la experiencia, la amabilidad o las habilidades sociales?
- Cuando tus colegas te dicen que vayas a la derecha, ¿siempre quieres ir a la izquierda?
- ¿Puedes detectar patrones invisibles?
- ¿Vives entre normas invisibles?

Aproximadamente un siglo después, esta destrucción del consumo continúa a buen ritmo: nuestros bolsillos se agotan y el planeta corre el riesgo de consumirse. Y se nos dice que debemos seguir este viejo y peligroso guion para mantener la economía intacta. ¡Consumir, consumir, consumir! Algunas personas incluso han empezado a creer que sus decisiones de compra tienen más impacto en la sociedad que sus decisiones de voto[45]. Dejemos que asimiles esto.

En el mundo actual, se nos considera ante todo consumidores o, como dice el futurista Jerry Michalski, «bocas con ojos y carteras» [46] Mientras sigamos consumiendo, nos dicen, todo irá bien en el mundo.

Pero no todo está bien, en absoluto.

Al ser tratados como meros consumidores durante tanto tiempo, esto acaba afectando a nuestra forma de pensar y de comportarnos, lo que también modifica nuestra forma de ver. Por ejemplo, consideramos que nuestras compras son más importantes que nuestros votos y ello define nuestra autoestima. A nivel social, perseguimos métricas como el PIB que solo miden la actividad económica «vista» en euros. El PIB no «ve» una amplia gama de actividades sumamente valiosas que sustentan nuestra economía y bienestar, como el «trabajo invisible» de la crianza de los hijos y el voluntariado, y el «valor invisible» de los recursos compartidos (en lugar de los propios) [47].

Cuando seguimos el guion de consumidor, también entrenamos nuestros ojos para «no ver»: para no ver los efectos completos de lo que compramos, para no ver a los que están en apuros, incluso dejamos de ver que hay mejores caminos para avanzar.

En nuestra carrera por el consumo, hemos perdido la noción de lo que realmente importa. Y cuando llega ese gran cambio que nos sacude hasta el fondo, nuestro despertar a la realidad nos golpea con fuerza. De entre las grietas de lo que se ha roto, lo que antes era invisible ahora sale a la luz.

En muchos sentidos, muchas personas se encuentran hoy en medio de este despertar. Nos estamos quitando las gafas que nos han cegado y nos preguntamos por qué no vimos lo que nos estaba ocurriendo, a cada uno de nosotros, a nuestras familias, a nuestras comunidades y a personas de medio mundo. Si lo vimos, ¿por qué no hicimos algo al respecto? Todos somos partícipes, voluntariamente o no, de esta catástrofe global de consumo.

Una forma de salir de este embrollo es empezar a vernos —y tratarnos— como ciudadanos y seres humanos, en lugar de como convictos. (Me refiero a ciudadanos no en términos de pasaportes y fronteras, sino como participantes y agentes de cambio en la sociedad). Se trata de un nuevo guion con un cambio sutil pero profundo: ya no somos meros compradores pasivos y objetivos de clics, sino que nos convertimos en contribuyentes proactivos. Juntos, lideramos responsablemente en lugar de seguir a ciegas. Abrimos nuestras mentalidades Flux para desarrollar este superpoder y escribir nuestros propios guiones.

En tu nuevo guion, empieza por preguntarte: ¿preferirías que los demás te vieran como un consumidor o como un ciudadano y catalizador del bien? Por encima de «comprar cosas», ¿cuál te gustaría que fuera tu legado?

Según mi experiencia, el mero hecho de despertar a la forma en que te ves a ti mismo (y no en la que te ven) es un gran paso. Una vez que lo haces, empiezas a ver formas tuyas de actuar por todas partes: desde qué empresas apoyas hasta las palabras que utilizas, desde cómo piensas en las compras por internet hasta a lo que prestas atención mientras caminas por la calle. Están surgiendo algunas iniciativas para concienciar y aprovechar estos esfuerzos en todo el mundo [48].

Para los líderes de las organizaciones centradas en el consumidor, este es el momento de revisar sus estrategias de marketing y sus modelos de negocio. Es el momento de asegurarse de que su misión está en consonancia con el nuevo guion y, si no lo está, es el tiempo de cambiarla.

EL ESPACIO VACÍO

A raíz de los movimientos #BlackLivesMatter y #MeToo y del extensivo reconocimiento de las injusticias y desigualdades sistémicas, la profesora de la Harvard Business School Laura Huang se encontró revisando las listas de lecturas recomendadas para el primer año del MBA y los planes de estudio. Lo que encontró no fue sorprendente, pero sí totalmente inquietante: todas las listas estaban dominadas de forma abrumadora por autores masculinos blancos.

Mientras tanto, Todd Sattersten, coautor de *Los 100 mejores libros de negocios de todos los tiempos*, se encontraba en medio de su propia revisión personal. Aunque se consideraba progresista, se preguntaba cuántos autores incluidos en la lista eran personas de color. Había intentado identificar los libros más populares, pero no había prestado atención a la demografía. La respuesta fue igualmente inquietante: cero[49].

Las exigencias y llamamientos a una mayor diversidad en el mundo de la empresa y fuera de ella no son nuevos, pero la aguja apenas se ha movido. En general, las voces de las mujeres, los negros, los latinos y otras minorías siguen siendo difíciles, si no imposibles, de encontrar... o más bien de ver.

No es que no existan, es que han sido ignorados durante demasiado tiempo, relegados a un segundo plano y excluidos del guion. Y, lo que es más importante, hay una prerrogativa clara y rotunda para la diversidad, la equidad y la inclusión (DEI) en el nuevo guion.

Las mujeres y la gente de color llevan años en la palestra con grandes esfuerzos. Aunque son claramente visibles, no se ven. Son voces de pleno derecho silenciadas. Algunos de los mejores y más brillantes generadores de ideas permanecen ocultos a la luz del día, como marginados en la periferia que ocupan los espacios vacíos.

Cuando nos fijamos únicamente en los directores generales actuales, en las estructuras de poder «para llegar a lo más alto del escalafón» y en las métricas «para saber cómo jugar el juego», no solo estamos viendo una fracción de la imagen, sino que además lo que vemos es bastante obsoleto. Este es el viejo guion en funcionamiento. Sin embargo, es en la realidad, en la periferia y en el espacio vacío, donde se encuentra la verdadera acción, el significado y el progreso. (Y como aprenderás en el capítulo 6, ascender está pasado de moda).

Como futurista, esta dinámica tiene sentido para mí porque, de un modo u otro, las fuerzas que dan forma al futuro siempre están en la periferia antes de convertirse en tendencia mayoritaria. Durante años, los «líderes de la corriente dominante» creyeron que los teléfonos móviles nunca superarían a los teléfonos fijos tradicionales. Los móviles estaban marginados; sin embargo, hoy existe casi el doble de dispositivos móviles que de personas en el planeta, y los teléfonos fijos se están convirtiendo rápidamente en reliquias.

Este pensamiento dominante también consideraba que una pandemia era una amenaza periférica, hasta que el coronavirus infectó a cientos de millones de personas y sacudió la economía mundial en pocos meses. De hecho, a veces lo que está en la periferia puede convertirse en la corriente principal a una velocidad vertiginosa. Lo que quiero decir es sencillo: tenemos que mejorar drásticamente nuestra capacidad de ver y apreciar lo que hay en la periferia y en el espacio vacío. No solo porque una sociedad justa y equitativa lo exija, sino porque es también de donde surgen las ideas verdaderamente innovadoras.

El espacio vacío es el lugar ideal, de hecho, quizás el único donde hay suficiente oxígeno para insuflar vida a nuevas posibilidades. Laura Huang lo vio. Sabía que a su alrededor, entre los hombres blancos que ocupan el centro de los planes de estudio de los MBA tradicionales, había expertos extraordinarios, aunque poco representados, en estrategia empresarial, finanzas, inversiones, teoría de la organización, gestión y liderazgo. Así que creó una Lista de Lectura de MBA bien equilibrada con mujeres y personas de color (y sí, hombres blancos para compensar) [50]. Estas perspectivas son nuevas y se acercan a los negocios y a la vida desde un flanco. Su objetivo no es «dar en la diana»: saben que eso ya ha pasado. Se está escribiendo un nuevo guion que incluye un futuro más grande e inclusivo de los negocios y mucho más.

APRENDER A VER

En muchos sentidos, el mundo actual es un gigantesco caso de estudio para aprender hacia dónde mirar y, fundamentalmente, cómo ver. Cuando llega el cambio, los que pueden ver lo que hay en los bordes, en el espacio vacío, y dónde se encuentran las nuevas soluciones están mejor posicionados para navegar por la incertidumbre y ser líderes responsables. Pero una cosa es hablar de este superpoder y otra desarrollarlo realmente. Así que veamos algunas formas sencillas de empezar.

Amplía tu visión periférica

La visión periférica es la capacidad de ver objetos, movimientos y oportunidades fuera de la línea de visión directa. La visión periférica es la conciencia de todo lo que no se ve.

Hoy en día, la mayoría de la gente está hiperconcentrada en lo que tiene delante y en el centro: la tarea que tenemos entre manos, lo siguiente de la lista de tareas, las ganancias de este trimestre o simplemente el transcurrir del día. A menudo no nos damos cuenta de lo que hay en la periferia o en el horizonte. Tal vez sientas que no tienes tiempo, o no estés seguro de dónde mirar. Sin embargo, hay todo un universo de nuevas percepciones y revelaciones a tu alcance... si eres capaz de verlas.

La visión periférica no solo sirve para tener nuevas ideas o encontrar respuestas. Resulta que, cuando estás ansioso, tu visión periférica se reduce. Esto puede ocurrir si estás nervioso por el trabajo, las notas, las finanzas, las expectativas, las relaciones con amigos y compañeros, o casi por cualquier cosa. El efecto es el mismo: el alcance de la realidad, la comodidad y la creatividad se reducen. Esto se llama «visión de túnel» por una buena razón [51].

Ampliar la visión periférica abre nuevos horizontes, hace aflorar soluciones y reduce la ansiedad. Sin embargo, no ocurre de forma automática, es una habilidad que debes desarrollar y un superpoder que debes practicar.

Nuestros antepasados utilizaban la visión periférica mucho más que nosotros. Esta evolucionó para captar el movimiento, no para prestar atención a los detalles (ese es el trabajo de la visión central). En otras palabras, la visión periférica es buena para detectar que algo entra en nuestro campo de visión, pero es débil para distinguir si esa cosa es roja o azul, suave o dura, amiga o enemiga. Nuestros antepasados simplemente tenían que identificar cualquier alerta y luego pasaban lo demás a sus colegas de la visión central.

Sin embargo, hoy en día, nuestra visión periférica se ha atrofiado. Como especie, los humanos pasamos ahora enormes cantidades de tiempo frente a pantallas, hemos cortado nuestro tiempo en fracciones y el riesgo de que un tigre nos persiga es escaso. Antes, nuestra supervivencia dependía de la rápida respuesta de nuestra visión periférica, pero hoy en día nos cernimos sobre nuestros dispositivos, estudiando minuciosamente mensajes y textos en pantallas más pequeñas que una rebanada de pan. En otras palabras, hemos dejado de lado nuestra visión periférica precisamente cuando nos vendría mejor.

Afortunadamente, podemos recuperarla. Podemos volver a disfrutar de esta habilidad y reforzarla con cohetes aceleradores.

Para volver a lo esencial, prueba este sencillo ejercicio: pon las manos delante de la cara. Coloca los pulgares sobre las orejas. Pivotando sobre estas, lleva hacia atrás cada mano hasta que ya no veas los dedos. Entonces empieza a mover las manos hacia delante hasta que veas los dedos a cada lado: esa es tu visión periférica. Préstale atención. ¿Qué ves que no hayas notado antes?

También puedes practicarlo mientras parpadeas, mueves la cabeza de un lado a otro o en círculos, o mientras caminas, lees o realizas cualquier otra actividad que restrinja tu atención.

O ponte boca abajo: suspéndete de un árbol, apoya las manos en el suelo y estira las piernas, o simplemente alcanza los dedos de los pies. Luego, observa el lugar en el que te encuentras desde este nuevo punto de vista. No lo pienses demasiado. ¿Ves la misma escena de forma diferente? ¿Qué es lo que no habías visto cuando estabas de pie?

Llevo más de cuarenta años haciendo el pino [52]. Lo que empezó como una gimnasia infantil se ha convertido en una auténtica pasión por la «perspectiva invertida» y en una parte fundamental de mi personalidad. Practicar el pino me ayuda a cambiar mi visión y a ver mejor. Aumenta mi flexibilidad y mi agudeza mental. Y es divertido. [53]. ¿Qué no puede gustar de esto?

Ampliar tu visión periférica no es una bala de plata. Pero puede ayudarte a ver más, a ver mejor y a suavizar tu ansiedad. Es un buen punto de partida.

Reevalúa tu intención

Hoy en día existen infinitas formas de ocultar el valor invisible. A menudo, que lo veas o no depende de tu intención al mirar. Por ejemplo, el hecho de que veamos a las personas —y las tratemos— como consumidores o como ciudadanos se reduce a la intención:

- Si quieres que la gente compre tus productos o haga clic en tus anuncios: eso es verlos como consumidores.
- Si quieres ayudar, crear, estar al servicio de los demás y ayudarles a alcanzar su potencial: eso es verlos como ciudadanos y colaboradores.

Que nos veamos como participantes pasivos o activos en la vida también se reduce a la intención:

- Si confías en el viejo guion o crees que lo que haces no marcará la diferencia, entonces probablemente te quedes quieto, callado y con miedo a lo que venga después.
- Si abres una mentalidad Flux y crees que tus superpoderes de flujo pueden desarrollarse, entonces estás viendo —y ya los estás empleando— tu voluntad de cambio.

Y que busquemos respuestas y encontremos soluciones depende de, lo has adivinado: ¡la intención!

- Si preguntas con la intención de juzgar o criticar, tu puerta mental ya está cerrada.
- Sin embargo, si preguntas con la intención de sentir curiosidad, es probable que aprendas algo nuevo (incluyendo cómo hacer mejores preguntas y cuestionar tus suposiciones).

Reevaluar tu intención es un paso fundamental para abrirte a una mentalidad Flux y desarrollar este superpoder. Como dijo Jane Goodall: «Lo que haces marca la diferencia. Tienes que decidir qué tipo de diferencia quieres marcar» [54]. ¿Qué tipo de diferencia quieres marcar en un mundo en flujo? ¿Cuáles son tus intenciones hoy?

HACER VISIBLE LO INVISIBLE

Desarrollar la capacidad de percibir más allá de lo que se ve delante es un superpoder en el mundo actual. Te permite descubrir tus raíces, generar nuevas percepciones, desarrollar otras soluciones y mostrarte plenamente en la vida. Además, reduce tu ansiedad, despierta tu voz interior y te acerca a los demás. Te da claridad de visión para cualquier cambio que se produzca en tu camino.

Es frecuente que no nos demos cuenta de lo mucho que no vemos, ya sean nuestros propios dones y habilidades, las injusticias sistémicas o la belleza que nos rodea. Cuanto más te quedes atascado en el viejo guion, menos podrás ver. En última instancia, te volverás ciego a la verdad y a la plenitud de la vida.

Pero al escribir el nuevo guion, esto cambia por completo. En efecto, ver lo invisible representa la diferencia entre la esperanza y el miedo, entre la observación reflexiva y la parálisis, entre saber cuándo actuar y cuándo esperar, y entre construir un sistema opresivo o uno inclusivo. Una vez más, es una diferencia que puede marcar la diferencia.

REFLEXIONES: **VER LO INVISIBLE**

1. ¿Sueles confiar más en tu cabeza o en tu corazón?
2. Cuando tus compañeros te dicen que gires a la derecha, ¿siempre quieres girar a la izquierda?
3. ¿Puedes detectar patrones invisibles?
4. ¿Hasta qué punto eres consciente de las normas que rigen tu vida? ¿Hasta qué punto son explícitas?
5. ¿Cómo ha afectado el privilegio (o la falta de privilegio) a tu guion? ¿Qué tipos de privilegios?

Una vez más, fíjate en cómo puede haber cambiado tu perspectiva como resultado de la lectura de este capítulo. Presta atención a cómo puede aparecer en tu nuevo guion.

3

PERDERSE

Perderse tiene en realidad dos significados dispares.
Perder cosas tiene que ver con la desaparición
de lo familiar, perderse tiene que ver con la aparición
de lo desconocido.

REBECCA SOLNIT

Bucovina no está en los itinerarios de la mayoría de los viajeros.
Escondida en el extremo nororiental de Rumanía, cerca de Moldavia y Ucrania, Bucovina es una zona tranquila de paisaje ondulado, salpicada de iglesias y monasterios ortodoxos. Construidos entre 1487 y 1583, estos edificios religiosos están recubiertos por dentro y por fuera, del suelo al techo, con brillantes frescos. Durante siglos, el humo de las velas oscureció los colores de los frescos y acabó por cubrir su visibilidad al mundo exterior.

Tras la caída del comunismo y la Revolución rumana, Bucovina empezó a resurgir lentamente. Había oído hablar de estos frescos en mi clase de Historia del Arte en la universidad y soñaba con visitarlos. Unos años más tarde —todavía mucho antes de que existieran los móviles, los GPS, el turismo organizado o Airbnb— y tras un maratoniano viaje en tren al estilo de Tolstoi, me encontré en la ciudad de Suceava, el punto de partida más cercano para el circuito de monasterios.

Desde Suceava, hice autostop por carreteras embarradas por las que circulaban más burros que coches. Tomaba taxis cuando podía, pero el transporte era escaso. Los habitantes de la zona, en su mayoría agricultores, me miraban con una mezcla de curiosidad, alegría y lástima. Me monté en coches de la época rusa que echaban chispas, y en vagones llenos de heno. Las sonrisas y las señas eran nuestro lenguaje común. El paisaje sosegaba.

Los frescos eran más extraordinarios de lo que había imaginado. Un día, caminando por una tranquila calle, perdida en mis pensamientos, alguien gritó: «¡Oiga! ¡Señora, oiga!».

Me giré a la derecha y vi a la quintaesencia de la abuela rumana: una mujer rechoncha de mejillas sonrosadas y un pañuelo firmemente anudado bajo la barbilla. Había abierto de golpe las persianas de madera y estaba claro que quería mi atención. Me detuve y me quedé mirando. ¿Qué debía hacer? Por cierto, ¿dónde estaba?

La anciana continuó: «¡Hola, señora!», con un acento fuerte pero melódico. Le respondí con cautela: «Hola...».

«Señora, ¿se ha perdido?»

Me detuve. Por un lado, no tenía ni idea de dónde estaba. Rumanía, sí, pero técnicamente estaba muy perdida.

Por otro lado, me sentía más viva que nunca. Me subía a carretillas, comía *mamaliga cum brinza* (polenta al vapor con queso fundido y lechoso) y veía frescos escondidos durante siglos. En esos momentos, estaba de todo menos perdida.

La abuela no esperó mi respuesta. «Señorita, señora. Debe de estar perdida. Pase aquí ahora».

Dos minutos más tarde, me encontraba en medio de una cena rumana familiar. Como si hubiera llegado de la luna, los hijos y los nietos de la abuela me rodeaban y me hacían preguntas en inglés con sabor rumano: ¿por qué estaba en Bucovina? ¿Cómo era América? ¿Quería más *mamaliga*?

Mientras se llenaban los estómagos, la conversación giró en torno a por qué viajaba sola. La familia estaba convencida de que no solo estaba perdida geográficamente, sino que también había perdido a mi marido, ¿por qué si no iba a viajar sola una mujer? (No se trataba de un juicio, sino de auténtica curiosidad, teñida de preocupación. ¡Se ha perdido y debemos ayudarla!)

En la Rumanía rural, viajar sola era algo inaudito. No es que esta familia no creyera que pudiera hacerlo, sino que les desconcertaba por qué querría hacerlo. Yo no encajaba en absoluto en su guion. Habían luchado mucho por la reciente independencia de su país de Rusia y todo lo que ello conllevaba, pero la independencia individual seguía girando en torno a la comunidad, y el deseo de viajar era un concepto totalmente diferente.

Normalmente, cuando durante el viaje me preguntaban cosas como «¿dónde está tu marido?», me irritaba. «¡No supongas que no soy capaz!», murmuraba en voz baja. Pero esta comida me enseñó algo diferente sobre la teoría del flujo y cómo varios guiones pueden evolucionar al mismo tiempo.

La familia estaba preocupada por mi bienestar por razones que se escapaban a mi mente, mientras que yo estaba preocupada por cosas que se escapaban a las suyas. Nuestros puntos de vista sobre la pérdida eran completamente diferentes e igualmente válidos. Teníamos raíces y orientaciones diferentes. Nuestros antiguos guiones eran muy diferentes, y nos encontrábamos en puntos distintos en nuestros respectivos viajes hacia un nuevo guion. Sin embargo, pudimos compartir nuestros puntos de vista y aprender de los estilos de navegación del otro. En el proceso descubrí un nuevo pedazo de lo que me hace ser yo.

Cuando terminamos la última gota de *tuica* casera (aguardiente de ciruelas), el hijo me llevó a la estación de tren. Pero no se limitó a dejarme, me acompañó a la taquilla, me compró el billete, me acompañó al tren, subió conmigo, se aseguró de que mi asiento fuera de mi agrado y ordenó a mi compañero de asiento que estuviera pendiente de mí.

Por una vez, no me irrité. Disfruté de cada minuto. Perderse fue un hallazgo.

EL SUPERPODER: **PERDERSE**

En el paisaje del cambio, perderse es la forma de encontrar el camino. La relación de los humanos con el hecho de perderse es complicada. Aunque para algunos perderse es la mitad de la diversión de la vida, el viejo guion lo ve como un fracaso. Ser responsable de ello se percibe como un tipo de pérdida: he hecho algo malo, he fallado y, como resultado, la vida no será igual.

Pero en un mundo al revés, en el que cada día se producen cambios —cuando la propia familiaridad está en constante cambio—, perderse forma parte de un nuevo guion. En este mundo estamos desarraigados, desorientados y sin rumbo fijo. La brújula que utilizabas se ha perdido. Además, este nuevo paisaje de cambio no es algo que ni tú, ni yo, ni nadie pueda elegir, porque el flujo simplemente existe.

Una vez que se ha abierto una mentalidad Flux, perderse se convierte en una virtud: un arma secreta y un golpe de genialidad no solo para abrazar el estar perdido, sino para buscar activamente lo desconocido y también llegar más allá de nuestra zona de confort. Perderse no significa carecer de dirección o ser tonto, eso es solo el viejo guion en funcionamiento. Más bien significa sentirse completamente cómodo con lo que no se conoce (y puede que nunca se conozca).

Fundamentalmente, este superpoder queda reducido a tus respuestas a esto: ¿perderte te hace sentir cómodo o angustiado?, ¿curioso o ansioso? ¿Puedes salir de tu propio camino o tropiezas con tus propios pies?

Mi propia experiencia con la pérdida es múltiple. Perder a mis padres y tener que forjar nuevas relaciones; perderme y después encontrar mi camino a través de varias experiencias profesionales; perder la esperanza y luego encontrar el sentido a la vida, a lo que se sumaron las aventuras (y desventuras) de los viajes desde Bucovina hasta Bolivia y Bali. Así fue como cada una de estas vivencias me ayudó a reajustar mi punto de vista sobre el cambio y a ver que perderse es un regalo. Si nunca te pierdes, nunca encuentras el camino, y tu nuevo guion nunca puede brillar del todo.

Afortunadamente, en un mundo de más cambios por venir, te vas a perder a menudo. Todos estamos perdidos, y ya sabes la razón: porque el viejo guion se está rompiendo. Ya no es apto para el propósito. Y a medida que tu mentalidad Flux se abre, aprenderás a perderte de la mejor manera: cómo estar cómodo en la incomodidad, encontrar familiaridad en lo desconocido, ver lo que realmente estabas buscando... y finalmente tejer todo esto en tu nuevo guion.

EL UNIVERSO PERDIDO

Hay tantas formas de perderse como personas. Perderse va mucho más allá de equivocarse de camino.

- Puedes perderte en tu entorno natural: en la naturaleza o en el mar.
- Puede perderte en tu entorno urbano: la dirección, la carretera o el punto de referencia equivocados.

- Puedes perderte en tu entorno digital: las nuevas aplicaciones y tecnologías (irónicamente, incluso las diseñadas para ayudarte a navegar).
- Puedes perderte en el tiempo.
- Puedes perderte en tus pensamientos.
- Puedes perderte en una idea.
- Puedes perderte en un libro.
- Puedes perderte en tus emociones.
- Puedes perderte aprendiendo algo nuevo.
- Puedes decirle a los demás que se pierdan.
- Y varias personas y organizaciones podrían ayudarte a perderte. (Para saber más sobre esto, ve al capítulo 4. Empieza con confianza).

Perderte, encontrarte a ti mismo

Recuerda alguna una ocasión en la que te perdiste o te desorientaste. Puede que fuera ser en un país extranjero, en un aparcamiento o en tu propia casa. No lo pienses demasiado.

Piensa en cómo respondiste al sentirte perdido en ese momento. ¿Qué sentimientos aparecieron? ¿Te sentiste temeroso y frustrado o curioso y aventurero?

Piensa en cómo te gustaría reaccionar ante la pérdida. Vuelve a tu historia. ¿Lo estabas contando desde la perspectiva de tu antiguo guion o del nuevo? ¿Puedes volver a contarlo desde un punto de vista de esperanza y descubrimiento?

A veces con estas experiencias obtienes resultados magníficos, como descubrir cosas nuevas, ser más consciente de tu entorno y reorientar tu brújula. También logras ver y experimentar más, y de forma más vívida; aprendes nuevas habilidades y amplías tu perspectiva de una manera que te transforma en esencia. Así que perderte puede darte vida.

Pero otras veces, perderte puede ser frustrante o peligroso. En tiempos pasados, perder de vista el camino o la orilla significaba un gran peligro. Hoy, para muchas personas, la desorientación desencadena ansiedad y miedo. En el mundo de los negocios (con reglas de guion antiguo), perderse es rechazado y estigmatizado: se considera que compromete la eficiencia y la productividad. Cuando optimizamos la eficiencia, perderse es la máxima ineficiencia. Pero no solo eso: en el proceso, minamos la creatividad y enviamos la señal equivocada de que el camino está claro. En realidad, es cualquier cosa menos claro. De hecho, si el objetivo son las soluciones realmente innovadoras, o el pensamiento nuevo, o simplemente ser resistente, entonces perderse es esencial.

PERDERSE ≠ PÉRDIDA ≠ FRACASO

Parte de la razón por la que muchas personas se esfuerzan por no perderse es porque lo confunden con la pérdida o lo sustituyen por ella. Me identifico con ello. Cuando mis padres murieron, me sentí muy perdida. Me había quedado sin mi equilibrio, sin mis cajas de resonancia y sin el hogar en el que había crecido. El suelo bajo mis pies se había agrietado y cedido. Me preocupaba perder pronto a mi hermana, mi salud y mi curiosidad.

Pero perderse y pérdida son diferentes, y ninguna significa el fracaso (aunque el viejo guion haga todo lo posible para que creas lo contrario). Aunque mi vida había cambiado claramente y era «menor» que la de mis padres, no estaba condenada de ningún modo. Es cierto que iba a ser muy diferente de lo que había imaginado, pero también era una invitación a ir a un lugar nuevo. Estaba perdida y lo iba a estar aún más, lo quisiera o no. Pero en el proceso, podría escribir un nuevo guion. Tendría aventuras. Podrían abrirse nuevas puertas. Podría adquirir nuevos superpoderes. De hecho, perderse podría resultar no solo la antítesis del fracaso, sino la mejor consecuencia.

COMPENSACIONES Y ESCASEZ

Muchas personas también tienen dificultades para perderse debido al pensamiento de compensación y escasez características del viejo guion. El pensamiento de compensación dice que la única forma de ganar es que otro pierda (y viceversa: si tú ganas, yo debo perder); mientras que el pensamiento de escasez se basa en la creencia de que, por mucho que haya, nunca habrá suficiente. En ambos casos, el ciclo perderse-pérdida-fracaso se repite.

Pero espera… ¡¿quién lo dice?!

Las compensaciones y el pensamiento de escasez son problemáticos incluso en los mejores tiempos. Los quebraderos de cabeza que provocan se agravan en este mundo en transformación, porque estamos aplicando las métricas tradicionales (el viejo guion de la vida) a una realidad que ha cambiado radicalmente. Esto va mucho más allá de la sensación de estar «perdido» debido a la pérdida del trabajo o a la alteración de los programas.

Hoy en día, todas las personas, jóvenes y mayores, ricas y pobres, de todo el mundo y de todo el espectro político, han perdido alguna parte de su vida tal y como la conocían. A todo el mundo, el suelo se le ha movido bajo los pies, y eso está lejos de estar resuelto. Puede tratarse de la pérdida de seres queridos, de una fuente de ingresos, de un restaurante favorito, de los planes de vacaciones o de la esperanza en el futuro. Para muchos es la simple pero crucial pérdida de la sensación de normalidad (incluso al menos conocen una misma pésima condición). En tales circunstancias, cualquier guion que diga «mantente en tu propio carril» suena ridículo. Es el mejor momento para perderse.

CRECER MÁS ALLÁ DE TU ZONA DE CONFORT

Cuando era una niña, mi padre era profesor de geografía y mi mejor amigo. Nuestra familia no tenía mucho dinero ni patrimonio, pero mi padre tenía mucha curiosidad. En la mesa de la cocina yo tenía un mantel individual de plástico, como muchos niños, para evitar manchar. En mi mantel individual había un mapa del mundo y por la mañana, durante el desayuno, mi padre y yo nos entreteníamos con lo que llamábamos el juego de la capital. Él nombraba un país y decíamos su capital, así con el tiempo fui aprendiendo muchas. Nombres como Adis Abeba, Ulán Bator y Uagadugú eran mágicos, y empecé a soñar con visitar esas tierras lejanas algún día.

Al tiempo que exploraba nuevos (para mí) rincones del mundo mientras comía cereales, mi padre me metía tres cosas en la cabeza.

- Primero: «El mundo es más grande que el patio de tu casa. ¡Explóralo! Quizá descubras que tiene algunas de las respuestas a las preguntas que te haces en casa».
- Segundo: «El mundo no existe para servirte. Eres increíblemente afortunada de ir a la escuela, y esa buena fortuna te da la responsabilidad de retribuírselo».

- Y para terminar: «Recuerda que, cuanto más diferente a ti parezca alguien, más interesante será conocerlo. ¿Por qué querrías salir con gente que se parece a ti, suena como tú y come lo mismo que tú? Eso me parece bastante aburrido. Ahora, ve a disfrutar de un buen día en la escuela».

Al crecer, asumí que a todos los niños les habían dado la misma lección en el desayuno. Años más tarde supe que no era así, lo que me llevó a indagar para entenderlo: ¿se mantenía este consejo más allá de la infancia? ¿Perderse y salir de la zona de confort supone una diferencia significativa en el mundo real?

La respuesta fue un sí rotundo. Además, no era necesario sacar buenas notas, ganar mucho dinero o viajar largas distancias. Sobre todo, se basaba en el sentido común.

La diversidad invita a considerar diferentes opciones, opiniones, ideas y puntos de vista. La diversidad pone a prueba nuestra imaginación, creatividad y curiosidad. Subraya nuestra interdependencia y nos hace más fuertes. Los equipos, los consejos de administración y las diversas organizaciones tienen mayores índices de innovación, resistencia y rentabilidad a lo largo del tiempo [55].

Pero eso no es todo. Más allá de los beneficios diarios, los períodos de grandes cambios exigen nuevas perspectivas. En otras palabras, los equipos más diversos y las personas expuestas a una mayor diversidad están más preparadas para un mundo en cambio.

El noventa por ciento de la gente se pierde
porque no va lo suficientemente lejos.

ANÓNIMO

> ### Perdido con otro nombre
>
> - Cuando te enfrentas a la incertidumbre, ¿recurres a otras culturas, tradiciones o historias para ayudarte a sobrellevar la situación? ¿Cuáles? ¿En qué se diferencian sus guiones de los tuyos? ¿Cómo los conociste?
> - ¿Cuál fue el último libro que leíste de una persona con una cultura muy diferente a la tuya?

NO ESTÁS PERDIDO, SOLO ESTÁS TEMPORALMENTE EXTRAVIADO

Los seres humanos han desarrollado una notable variedad de enfoques para navegar por lo desconocido. Una y otra vez, en todas las culturas y continentes se nos recuerda que no estamos tan perdidos, solo temporalmente extraviados. El objetivo de la vida no es no perderse, sino crecer buscando el rumbo. Cuando el suelo se mueve, puedes estabilizarte y reorientarte.

Lo que sigue es una selección de perspectivas y herramientas de diferentes personas, estilos de vida y rincones del planeta sobre cómo perderse. Algunas se refieren a perderse en los viajes, otras a perderse en el pensamiento y otras a perderse en la vida. Algunas se manifiestan en toda una cultura, otras en un país, una región u organización. Cada una subraya la diversidad de lo que funciona e indaga en lo que te hace ser tú. ¿Cuáles podrían arrojar luz sobre tu nuevo guion?

¿Conoces el *wēijī* de tu *wabi-sabi*?

En Occidente, la palabra *crisis* suele evocar imágenes de fatalidad y destrucción: en el mejor de los casos, malestar; en el peor, el Armagedón. La palabra viene del griego *krísis*, que significa «acto de juicio o determinación». Desde este punto de vista, un mundo en transformación es una crisis con esteroides. La distopía ha llegado, más vale tirar la toalla.

En China, la crisis se ve de otra manera. La palabra china para crisis es *wēijī* (危 机). *Wēijī* se compone de dos símbolos: *wēi*, que representa «peligro», y *jī*, que representa un giro o «punto de cambio». La crisis es un reto que exige conciencia, despierta la curiosidad y abre posibilidades.

Son dos guiones diferentes para tratar de explicar un fenómeno que ha desquiciado a la humanidad durante milenios. ¿Qué pasaría si más personas en más lugares conocieran el *wēijī*? No se acabaría con la crisis, por supuesto, pero podría reconfigurarse nuestra forma de afrontar el cambio. Se podría introducir una dosis de esperanza para atenuar el miedo.

Viajando al este desde Grecia y al oeste desde China, llegamos al Tíbet y luego a la India: lugares del bardo. El bardo es un espacio de imaginación, una brecha entre mundos. En el bardo es donde se produce la transición y la transformación [56]. Es un lugar sobrecogedor, impresionante, de otro mundo, donde podemos reimaginarnos a nosotros mismos, nuestros sueños, la sociedad, el futuro... o todo junto.

En el budismo, la palabra tibetana *bardo* designa un estado o periodo intermedio, liminal, entre la muerte y el renacimiento. Es la fase intermedia entre un estado de existencia, una forma de ser, y otra. En el bardo, la muerte no significa solo la muerte física. También puede significar el fin de un estilo de vida, una enfermedad o un estado mental.

Teniendo en cuenta este concepto budista, pensemos en la palabra *apocalipsis*. Su significado original (del griego *apokálypsis*) no es «desastre» sino «revelación y desvelamiento». Un tiempo apocalíptico es uno de gran verdad y transformación.

Ahora conecta los guiones del bardo y el apocalipsis con el mundo actual. Podríamos decir que la humanidad se encuentra ahora mismo en un bardo colectivo, mientras navegamos por nuevas incógnitas y amenazas existenciales. Sin embargo, visto a través de la luz del bardo, esto no es tanto un reto al que temer como una oportunidad para desvelar un mundo nuevo y enormemente mejor.

¿Y si más gente en más lugares supiera lo que significa el apocalipsis? No eliminaría por arte de magia la incertidumbre, sino que mejoraría de modo sustancial nuestra capacidad para prosperar en los intervalos del cambio.

Viajando hacia el este desde China, llegamos a Japón. El país del sol naciente también es famoso por su estética sobre el cambio y la impermanencia. El *wabi sabi* y el *kintsugi* celebran esas fuerzas abiertamente.

Wabi sabi son sílabas que se deslizan por la lengua, es el amor por la imperfección y la naturaleza transitoria de todas las cosas; representa el camino hacia la sabiduría y el éxito en Japón, es decir, hacer las paces con nuestro yo siempre envejeciente y nuestro mundo siempre cambiante [57]. El *wabi sabi* no intenta mantener las cosas tal y como son, ni se desestabiliza cuando no salen como estaba previsto.

El *kintsugi* («carpintería de oro») es la filosofía japonesa de ver la belleza en lo que está roto. Es más conocido como el arte de reparar la cerámica rota, de manera que la unión de los fragmentos da lugar a una pieza más bella que la original [58]. Tanto el *kintsugi* como el *wabi sabi* ven —y aprecian y fomentan— el cambio como algo saludable, positivo e incluso aspiracional. Sí, el cambio es complicado, pero ¿no sería un mundo mejor si nos animáramos unos a otros en las cosas difíciles en lugar de intentar disimularlas? El cambio no se puede disimular.

La lengua occidental no tiene un equivalente —y, en realidad, ninguna escritura comparable— para el *wabi sabi* y el *kintsugi*. Puede que sigan existiendo lagunas lingüísticas, pero eso no te impide ser el autor de tu nueva escritura. Imagina que incorporas estos conceptos, al tiempo que más personas en más lugares se sienten cómodas con lo que representan... y así empieza a surgir un nuevo guion para la sociedad.

> *Ahora que se ha quemado mi granero,*
> *puedo ver la luna.*
>
> Mizuta Masahide, poeta japonés del siglo xvii

El poder del *bildung*

No solo podemos aprender de los diferentes conceptos culturales del cambio. De vez en cuando, las culturas progresistas han construido estructuras para ayudar a la gente a aceptar algún gran cambio también. Es algo así como crear contenedores útiles para perderse... y para que surjan nuevos guiones.

A finales del siglo xix, los países nórdicos (Noruega, Dinamarca, Suecia y Finlandia) eran lugares pobres que se estaban adaptando a los cambios provocados por la primera Revolución Industrial (que, a su vez, era un nuevo guion tumultuoso de aquella época). Los líderes del gobierno y de la comunidad reconocieron que prosperar en un mundo recién industrializado requeriría mucho más que la mera adopción de un sistema educativo obligatorio y cerrado. Se necesitaría una comprensión más profunda del mundo interior, los valores y la red de relaciones que conforman la vida.

Así que crearon el *bildung*: un ecosistema educativo para ayudar a las personas a explorar estos temas y su propio crecimiento personal (*Bildung* es una palabra alemana que, como *wabi sabi* y *kintsugi*, no tiene equivalente en español). En efecto, estas instituciones construyeron un andamiaje para los ciudadanos que se encontraban en un terreno interior inestable. Aproximadamente el 10 % de la población realizó retiros de *bildung*, de forma gratuita, durante un máximo de seis meses, lo que fue suficiente para que la ética *bildung* se extendiera a toda la sociedad [59].

Bildung reimagina no solo los programas educativos, sino también la forma en que los estudiantes de todas las edades ven el mundo y piensan en perderse (o se sienten perdidos). Ayuda a las personas a escribir e interpretar sus propios guiones. Reconoce la importancia de la escucha profunda y la resiliencia. Considera que la educación es, ante todo, la capacidad de navegar por la complejidad y el cambio.

¡Imagínate lo que podría conseguir una red de *bildung* global actualizada y adaptada al siglo XXI!

LA INCERTIDUMBRE CON OTRO NOMBRE

Piensa en alguna ocasión en la que te hayas sentido realmente confuso. Seguramente has empezado a buscar la respuesta más a mano: recurriendo a lo que ya sabes o buscando en Google con términos conocidos. Pero ¿alguna vez te has parado a pensar qué puede enseñarte una disciplina de la que sabes muy poco (o incluso nada)? Es cierto que esto puede ser un poco lo de la gallina y el huevo —después de todo, no se sabe lo que no se sabe—, pero es totalmente gratificante intentarlo. Y no tiene por qué tratarse solo de cosas que no conoces. Por ejemplo, ¿qué dirían los expertos de campos no relacionados entre sí sobre el cambio constante?

Un biólogo probablemente señalaría la evolución como un cambio constante e implacable como el superpoder de la adaptación de las especies. Un lingüista podría centrarse en la etimología: la palabra *incertidumbre* deriva del verbo latino *cernere*, que significa «distinguir o discernir una cosa del resto»; nuestra capacidad para lidiar con la incertidumbre tiene su origen en nuestra capacidad para discernir qué es y cómo se relaciona [60]. Un astrónomo cuya investigación sobre estrellas y galaxias está plagada de incógnitas pretende desarrollar mejores formas de calcular la incertidumbre. Los antropólogos también pueden aprovechar la astronomía cuando investigan cómo las culturas a lo largo de la historia de la humanidad han desarrollado historias, metáforas y rituales que conforman nuestra visión del mundo, cómo nos orientamos y si tememos el cambio o lo aceptamos.

Biólogos, lingüistas, astrónomos y antropólogos —por no hablar de los historiadores, neurocientíficos, psicólogos, sociólogos y muchos otros— luchan contra el cambio, lo investigan y han desarrollado sus puntos de vista sobre el cambio. Así, se pierden todo el tiempo en el cambio de diferentes maneras. No hay una respuesta o solución única, pero cada uno de estos guiones disciplinarios ayuda a llenar las lagunas y a superar los miedos al desconocimiento.

Los diferentes ámbitos de experiencia proporcionan perspectivas únicas sobre el cambio. Piensa en ellas como si abonaran el suelo que pisas y desde el que te orientas. Cuanto más cerca estés de los zapatos de otra persona y experimentes el cambio desde su perspectiva, con su guion cuidadosamente redactado en la mano, mejor podrás entender el panorama general, incluyendo de dónde pueden venir tus propios retos para navegar por el cambio y cómo podrías adoptarlos. Ambos fortalecen sus bases y se ayudan mutuamente a sentirse cómodos perdiéndose.

Amitav Ghosh es un exitoso autor indio de novelas que hilan tiempo, lugar y cultura. Resulta convincente su visión de por qué algunas personas temen el cambio y otras no. Ghosh dice: «Vengo de una parte del mundo en la que no teníamos expectativas muy halagüeñas sobre el mundo o el futuro. Sabíamos que habría muchas convulsiones, y fuimos testigos de ellas de primera mano, así que en ese sentido creo que los occidentales tenían una creencia en la estabilidad y en la promesa del futuro que yo no compartía».

«Tengo un amigo filósofo que dice que todas las proyecciones del futuro son fundamentalmente proyecciones de poder —continúa Ghosh—. Por eso casi siempre son los blancos los que hacen esas proyecciones, porque en realidad están proyectando una desaparición del poder en el futuro. Yo no sé nada sobre el futuro».[61]

En esas breves líneas, Ghosh dice mucho sobre nuestra complicada relación con el cambio. Algunas culturas han presenciado o experimentado el cambio —perderse, en muchos sentidos— con tanta frecuencia que lo han normalizado. Para estas culturas, el cambio constante es el guion, el flujo es la norma y la inmovilidad es la excepción. Podríamos pensar en las culturas nómadas como una versión extrema de esto: cuando te mudas y reconstruyes tu hogar varias veces al año, durante toda tu vida, desarrollas de forma natural una mentalidad de permanente impermanencia. El cambio es tu norma.

En el otro extremo del espectro, las culturas que han experimentado largos períodos de estabilidad tienden a ser las más temerosas al cambio. Este miedo está incorporado en su guion. Además, cuantas más herramientas tengamos para evitar perdernos superficialmente —desde el GPS hasta las aplicaciones de control de cuentas— más fácil es que este miedo quede enterrado. Pero no desaparece, sino que se agrava. En el fondo, seguimos creyendo que podemos controlar la incertidumbre y el futuro... y, como hemos visto, esto es lo que nos mete en problemas. Cuando te abres a una mentalidad Flux y aprendes a celebrar el estar perdido, esta celebración se convierte en una pieza de tu nuevo guion. Hasta entonces, puede atormentarte: impidiéndote tomar decisiones acertadas, abrirte a nuevas oportunidades o ser plenamente tú mismo.

Las culturas que normalizan el hecho de perderse están mucho mejor situadas para navegar por un mundo en cambio, con o sin GPS. No estoy diciendo que la vida nómada sea fácil o que experimentar una convulsión te inocule el miedo. En absoluto. Más bien, las culturas que ven el cambio constante como la norma y no como la excepción, y que lo han integrado en sus guiones, son capaces de crear mentalidades que se adaptan en lugar de controlar. ¿Cómo de fluido es eso?

CODDIWOMPLING

¿Alguna vez has tenido ganas de viajar, pero no sabías a dónde ir?

¿Alguna vez has querido probar algo nuevo, pero no sabías qué?

¿Alguna vez te ha molestado tener que «tener un plan»?

¿Te has preguntado alguna vez si hay algo más en la vida que «hacerlo»? ¿Tienes claro siquiera qué es realmente «eso»?

Si algo de esto te suena, bienvenido al mundo del *coddiwomple*.

¿*Coddi* qué?

Coddiwomple. Una palabra deliciosa que, bien dicha, puede hacer que te sonrojes.

Coddiwomple es un término esencial en el léxico de la mentalidad Flux, aunque sigue siendo difícil de encontrar en la mayoría de los diccionarios (que en general representan en exceso la antigua escritura). Significa viajar de forma decidida hacia un destino aún desconocido [62].

Coddiwomple no solo es un ejemplo de perderse, sino de estar perdido, desde el principio con entusiasmo e intención. Puedes abrirte camino hacia un trabajo de ensueño que no sabías que existía (si esto te intriga, dirígete al capítulo 6 sobre portafolio profesional o la cartera de carreras), o puedes dirigirte adonde sea que esté a través de la aventura de tu vida. Esta manera de ir por la vida se impulsa con el propósito, el valor y la autenticidad, pero rompe con la tradición —y con la mayoría de los *coaches* de vida actuales—, puesto que deja de lado las máximas del viejo guion: que «lograrlo» es un hito fijo, y que «llegar» es un deseo predeterminado [63]. En un mundo codificado, «eso» y «ahí» están en constante evolución, siempre cambiando, y esa es la esencia de la vida.

Un *coddiwompler* tiene tranquilidad porque no está esperando a «convertirse» en alguien o a que ocurra algo. Ha dejado el viejo guion a un lado de la carretera y está forjando su propio camino. Se siente cómodo perdiéndose porque sabe que es ahí donde están las oportunidades que realmente valen la pena. Incorpora constantemente nueva información sobre lo que hay y podría haber en su nuevo guion, en lugar de venderse a sí mismo lo que había en el antiguo. Un *coddiwompler* es la personificación del flujo.

SEÑORA, ¿SE HA PERDIDO?

En un día cualquiera, todo el mundo se siente perdido de alguna manera. Sin embargo, cuando llega el cambio, el sentimiento de pérdida puede convertirse en un sentimiento de desarraigo. Abrirse a una mentalidad Flux te ayuda a recuperar la orientación mientras aprovechas la fuerza que surge de perderse.

Hay muchas más formas de perderse de forma proactiva en la vida diaria, además de lo que ya se ha compartido. Aquí tienes algunas sugerencias fáciles y probadas para ayudarte a construir este superpoder:

- Adopta la mentalidad de un viajero. Aunque tus aventuras se limiten a una habitación, al patio de tu casa o a tu barrio: ¿qué llevas contigo? ¿Qué sabes realmente (frente a lo que crees saber o desearías saber sobre tu entorno)? ¿Qué es lo que no sabes pero te vendría bien aprender o explorar?

- Fíjate en la primera emoción que se desencadena cuando llega un cambio inesperado. ¿Ves una crisis o una apertura? ¿Ves un apocalipsis o un bardo? Dedica tiempo a estos sentimientos y considera por qué son los que tienes por defecto. ¿Qué ocurre si intentas una alternativa?

- Piensa como un *coddiwompler*. ¿Cómo es su forma de viajar a un destino aún desconocido?

- Apaga tu GPS. Oriéntate con tu entorno, como un ser humano.

- Véndate los ojos. Explora tu casa o patio trasero con ellos vendados. Cena en la oscuridad. Muévete despacio, detente con frecuencia, presta atención y escucha. Haz un mapa mental de tus movimientos (o de dónde está la comida en tu plato) y comprueba después tu precisión.

Perderse tiene coincidencias con todos los demás superpoderes Flux, así que lo verás de nuevo. Por ahora, recuerda: perderse es una oportunidad para encontrarse, para sentirse cómodo en la incomodidad y familiarizarse con lo desconocido. Es parte de tu nuevo guion, basado en ese viaje vital único en un mundo siempre cambiante.

REFLEXIONES: **PERDERSE**

1. Cuando te desorientas, ¿te sientes normalmente frustrado, temeroso o curioso?

2. ¿Tiendes a ver los desvíos como molestias o como aventuras?

3. Cuando creciste, ¿te animaste a juntarte con gente como tú o diferente a ti? ¿Cómo eran esas personas? ¿Qué aprendiste?

4. Cuando te enfrentas a la incertidumbre, ¿quién o qué te pone los pies en la tierra y te ayuda a encontrar el camino?

5. ¿En qué medida influyen otras culturas o tradiciones en tu visión del mundo? ¿En qué se diferencian estos guiones de los tuyos? ¿Cómo los has conocido?

Sigue percibiendo. Sigue prestando atención. Sigue integrando estas revelaciones en tu nuevo guion.

4

EMPEZAR CON LA CONFIANZA

*La mejor manera de saber si puedes confiar
en alguien es confiar en él.*

Ernest Hemingway

La actual crisis de confianza mundial aparece en los titulares con tanta frecuencia que resulta casi un tópico. El barómetro que la mide ha caído a los niveles más bajos de la historia [64]. Nuestra confianza en las empresas, el gobierno, los medios de comunicación y el mundo académico parece fundamentalmente rota. Y, lo que es peor, cada vez desconfiamos más los unos de los otros. Pensemos en algunas de las formas en que esto acostumbra a manifestarse:

- No confiamos en que los líderes del gobierno o los directores generales sean éticos.
- No confiamos en que los medios de comunicación informen de la verdad.
- No confiamos en que las empresas antepongan las necesidades de la sociedad a los beneficios de este trimestre.
- No nos fiamos de alguien que tiene un aspecto diferente, que come alimentos distintos o que lleva ropa diferente a la nuestra.

- No confiamos en que los empleados se presenten al trabajo a tiempo o que no roben la propiedad intelectual.
- No confiamos en que el vecino respete nuestra paz y privacidad.
- No confiamos en que los niños sean capaces de aprender o jugar con seguridad por sí mismos.
- No confiamos en que los bancos nos vean como algo más que el saldo de nuestra cuenta.
- No confiamos en el sistema educativo para preparar para el mañana a la próxima generación.
- No confiamos en la procedencia de nuestros alimentos, ni en las empresas que los producen.
- No nos fiamos de nada, así que cubrimos nuestra desconfianza con contratos legales y demandas.
- No confiamos en que sepas lo que es mejor para ti.
- Y por si fuera poco, hoy en día se está produciendo un socavamiento activo de la confianza, alimentado por individuos y organizaciones que desean causar estragos y dividir a la sociedad.

A pesar de las innumerables leyes y de las organizaciones reguladoras, certificadoras y de control, que se supone que las hacen cumplir, los seres humanos tienen problemas de confianza a todos los niveles. Recelamos, o desconfiamos, de demasiadas instituciones, de nuestros líderes, de nuestros colegas, de nuestros compañeros, de nuestros políticos, de nuestros vecinos e incluso (aunque afortunadamente un poco menos) de nosotros mismos[65].

Hemos perdido el rumbo y necesitamos, urgentemente, restablecer la confianza a nivel individual, organizativo y social como si fuera nuestra Estrella Polar. Sin ella, el futuro es más que sombrío.

Si sirve de consuelo, las pruebas actuales de confianza no son nuevas. Estas han sido un reto a lo largo de la historia. Rachel Botsman, experta en confianza y autora de *Who Do You Trust?* señala que hay más artículos académicos sobre la definición de confianza que sobre cualquier otro concepto sociológico (incluido el amor) [66].

Botsman define la confianza como «una relación segura con lo desconocido» [67]. Los diccionarios la llaman «confianza segura en el carácter, la capacidad o la verdad de alguien o algo» o la «dependencia de algo futuro o contingente; esperanza». Está claro que la confianza, la esperanza y la incertidumbre desempeñan papeles estelares. En conjunto, a esto se le llama nuestro horizonte de preferencia y afecta a cómo percibimos el mundo: cuando tenemos un nivel de confianza —sobre nosotros mismos, nuestro entorno y el futuro— es más fácil confiar; cuando confiamos poco sobre cualquiera de estas cosas, nuestra confianza se tambalea y nuestra esperanza se convierte en miedo. Sin embargo, la confianza no es solo confianza y esperanza, también tiene que ver con la intención.

Cuando se expresa plenamente, la confianza es una invitación a reparar y fortalecer las relaciones, una invitación a expresar tu credibilidad, tu fiabilidad, tu autenticidad y tus valores. Cuando una persona te pide que confíes en ella como modo para ganarse tu favor u obtener algo que favorezca su propio interés, es sospechoso y probablemente será contraproducente. La confianza y el interés propio están inversamente correlacionados: en igualdad de condiciones, cuanto mayor sea tu verdadera intención de ayudar a los demás sin beneficio personal, mayor será tu confianza (y mayor el «beneficio» de ser digno de confianza).

Este libro es un gesto de confianza, y este capítulo refleja un viaje aún más largo hacia esa confianza que se inició cuando murieron mis padres. De repente, tuve que confiar para reconstruir y sobrevivir, y tuve que hacerlo precisamente al mismo tiempo que, en muchos sentidos, el mundo en el que había confiado se derretía ante mis ojos.

Tuve que confiar en los demás para que me guiaran, incluso en muchas personas que nunca había conocido. Tuve que confiar en mi dolor, en mi corazón y en mi voz interior para que no me llevaran por el mal camino. Quizá, sobre todo, aprender a confiar significaba confiar en el amor, y en que amar a alguien no significaba que también fuera a morir inesperadamente.

Este viaje no fue ni tranquilo ni predecible. Me encontré con más de una persona que se aprovechó de mí y de mi dolor en el camino. Pero siempre supe ver que esas personas eran la excepción, no la regla. La mayoría de las personas son fundamentalmente buenas: acogen a la vida y a los demás con buenas intenciones. Cada vez que recordaba esto, me sentía un poco más arraigada, es decir, más capaz, más confiada y menos ansiosa cuando llegaban los cambios.

Empecé a ver no solo que el viejo guion de la desconfianza, el miedo y el estar siempre en guardia no me estaba ayudando a reconstruirme, sino también lo dañino y contraproducente que es para la humanidad.

Con el paso de los años, se formaron varias capas de confianza. Los años de viaje en solitario me abrieron a ella de formas nuevas casi a diario: dónde alojarme, con quién hablar, cuánto pagar, si aceptar o no una invitación. Empecé a reconstruir una «familia de elección» sobre los mismos principios de confianza y vulnerabilidad. Los miembros de esta familia ampliada dieron saltos de fe y confianza juntos. Con el tiempo, nuestros sistemas de raíces se entrelazaron.

Hoy en día, como futurista, cuando se trata de la confianza, estoy constantemente atenta a lo que está a la vuelta de la esquina. Por un lado, las nuevas tecnologías han ampliado enormemente nuestra capacidad de conectar con los demás y, en el proceso, de forjar la confianza con personas que de otro modo nunca habríamos conocido. Por otro lado, un amplio abanico de empresas y organizaciones nos han convencido sutilmente de que ellas mismas son dignas de confianza, lo cual —lo estamos aprendiendo—, es un acto de fe que hacemos bajo nuestro riesgo individual y colectivo. Cuanto más se anuncie una empresa diciendo: «Confía en nosotros, lo tenemos todo», menos deberíamos confiar en ella.

La confianza es el pegamento que mantiene unidas a las personas y a la sociedad: es el principal facilitador de la humanidad y de un mundo más seguro y sabio. Sin embargo, puede tardar años en construirse y puede perderse en un segundo. Se sabe cuándo existe, pero no se puede señalar como si fuera una persona o un mueble. Solo puede ganarse, no darse, aunque mucha gente intente lo contrario.

De muchas maneras, los seres humanos se han deslizado por una pendiente resbaladiza de desconfianza, a menudo sin siquiera darse cuenta de lo que ha sucedido. Pero esto no tiene por qué ser así. ¿Cómo podemos encontrar el camino de vuelta?

EL SUPERPODER: **EMPEZAR CON LA CONFIANZA**

Cuando la confianza parece rota, da por supuesta la buena intención.

Al crecer, a la mayoría de los niños se les enseña a no hablar con extraños. Al crecer, a la mayoría de los niños se les dice: cuando suene el timbre de la escuela, aunque estés completamente absorto en lo que estás haciendo y estés aprendiendo… debes cambiar de marcha.

Como profesionales adultos, se nos pide que firmemos acuerdos de confidencialidad (NDA) y que registremos nuestras entradas y salidas en los relojes de fichar. Las nuevas tecnologías rastrean nuestras pulsaciones y expresiones faciales.

Volvamos a ver estos ejemplos y repasemos la lista larga que aparece al principio de este capítulo. En conjunto, abarca una enorme gama de actividades que rigen gran parte de la forma en que vivimos, trabajamos, criamos a los nuestros y pensamos en el futuro. Hemos interiorizado y normalizado la suposición de que no se puede confiar en los humanos. No es que se desconfíe de todo el mundo automáticamente; más bien, la norma para mucha gente es que no se puede confiar en el individuo medio. En este proceso, la desconfianza se convierte no solo en la forma en la que orientamos nuestra vida cotidiana, sino también en una restricción invisible pero omnipresente de nuestros sueños individuales y colectivos. ¿Es esta la forma en que deseas vivir tu vida o cómo deseas ser visto por los demás?

Cuando se trata de la confianza, el viejo guion es como una muerte lenta. Día tras día, se nos recuerda que la gente no es digna de confianza, que no podemos ni debemos confiar en los demás. Por tanto, en igualdad de condiciones, tú no puedes ni debes confiar en mí, y yo no puedo ni debo confiar en ti. Pero espera, ¿qué estamos logrando realmente con eso? Estamos cortando las conexiones humanas y la comunidad, que solían ser el tejido de la confianza. Estamos normalizando la desconfianza, desconectando de los demás e incluso de nosotros mismos. Estamos secando el terreno que era fértil, haciendo imposible que la vida —y la confianza— echen raíces y prosperen.

Y eso no es todo. También estamos destruyendo la curiosidad, exacerbando la desigualdad y gastando una cantidad ridícula de tiempo, dinero y energía para mantener estos sistemas. (Más sobre esto enseguida).

Pero recuerda: este es el viejo guion que en un mundo en cambio se está desmoronando ante nuestros ojos.

En un mundo en constante cambio, resulta evidente que la confianza es el pegamento que mantiene unidas las relaciones, las organizaciones y las culturas. Cuando el mundo se pone patas arriba, confiar es la forma de anclarse y enderezarse. Las relaciones de confianza te ayudan a navegar por los rápidos del cambio con seguridad; sin embargo, el recelo te rodea de miedo y te aísla de los demás.

Empezar confiando no significa ser ingenuo (esto es el viejo guion en funcionamiento), tampoco que no haya manzanas podridas en la sociedad. El brillante enfoque de este superpoder es bastante sencillo: trata la falta de confianza como la excepción en lugar de la norma. Y el efecto es sorprendente.

En lo que respecta a confiar, el nuevo guion no es tan novedoso, en realidad, es intemporal. Se basa en la conciencia humana universal y en la sabiduría indígena que se ha transmitido durante milenios. Pero, a medida que «industrializamos» la economía, «modernizamos» el mundo, y despilfarramos el dinero en campañas de marketing masivo de consumo, también hemos ido cambiando el guion... y así gradualmente esta sabiduría ha retrocedido de la conciencia colectiva. Sin embargo, este «nuevo» guion siempre ha estado ahí, y ahora es el momento de redescubrirlo. Es hora de volver a cambiarlo, y para ello hay que empezar por entender que:

- Los seres humanos son creativos, curiosos y confiables por naturaleza.
- Las ruedas de hámster no solo no están diseñadas para los humanos, sino que son perjudiciales para ellos.
- Saquear los recursos naturales no está bien.

- La confianza no se construye con campañas de marketing, sino que se produce cuando nos preocupamos unos por otros, nos cuidamos mutuamente y lo celebramos.

Al igual que otros superpoderes Flux, empezar confiando —y abrazar este nuevo guion— solo puede ocurrir si se ha abierto la mentalidad de flujo. El viejo guion cree que suponer una buena intención es una tontería. Con esa antigua mentalidad irónicamente confiar en alguien se considera un defecto de carácter (¡no de la otra persona!). Pero, si crees en el nuevo guion y quieres forjar un futuro más humano, entonces empezar por la confianza refleja muy posiblemente el más poderoso de los superpoderes con el que fluir.

Examina tus propias nociones de confianza

- ¿Crees que las personas nacen buenas o malas?
- ¿De dónde crees que sacaste esta suposición?
- ¿Cómo has representado esta suposición en tu vida?
- ¿Podrías llegar a pensar lo contrario? ¿Cuáles son las implicaciones de hacerlo?
- ¿En qué se diferencia la confianza en un cónyuge de la que tengas en una organización?
- ¿La tecnología te ayuda a confiar más o menos?
- Cuando le pides a la gente que «confíe en ti», ¿cómo te sientes?

Tan pronto como confíes en ti mismo, sabrás cómo vivir.

Johann Wolfgang von Goethe

LA DESCONFIANZA DESTRUYE EL GENIO

Piensa en la última vez que te invitaron a una lluvia de ideas en equipo, pero te dijeron que tenías que «mantenerte en tu área» y que no podías pensar más allá del tema que te habían asignado. O tal vez te dijeron que habías hecho una «pregunta estúpida», o que los compañeros de otro departamento no saben de qué están hablando. Cada uno de estos casos está cargado de desconfianza.

Los sistemas diseñados a partir de la desconfianza apagan nuestra curiosidad y a nosotros mismos, desconectándonos de los demás. Así matamos las mismas cosas que, de otro modo, avivarían nuestra genialidad.

Cuando planeamos desde la desconfianza, a menudo destruimos al genio[68]. Los cargos laborales rígidos y las jerarquías de gestión contribuyen mucho a esto. También lo hace la educación obligatoria, ya que exige que los niños estudien de modo inflexible sin tener en cuenta su curiosidad (¡Historia a las 8 de la mañana!, ¡Matemáticas a las 9! No colorees fuera de las líneas y no escribas un poema cuando deberías estar resolviendo ecuaciones). No es de extrañar que tantos niños brillantes lo pasen mal en la escuela. Es cierto que la sociedad trata de garantizar un nivel básico de conocimientos (y un debate sobre los retos de los sistemas educativos actuales está fuera del alcance de este libro), pero la cuestión más importante es que, en general, se eliminan la curiosidad y el genio de los niños poco a poco, día a día, con un subtexto de «no confiamos en ti».

¿Por qué hacemos esto? ¿Por qué no planeamos de forma que desbloqueemos la genialidad —como niños y adultos, como profesionales y padres, como innovadores e instigadores— y hagamos saltar por los aires los superpoderes Flux? Exploremos algunas de las razones y qué hacer al respecto.

ROTURAS DE LA CONFIANZA DISEÑADA (ANTICUADO)

Profesionalmente, el sabor más amargo a causa de la (des) confianza lo tuve como abogada. Tanto si el objetivo era una financiación más inclusiva, un negocio más sostenible o simplemente asegurarse de que alguien cumplía su parte en un acuerdo, las herramientas elegidas eran las mismas: contratos, jerga legal de responsabilidad y demandas. No recuerdo ni una sola pausa para plantearse un contrato de confianza entre las partes porque la norma era la desconfianza, y cuanto más dura era la amenaza de acción legal, mayor era la probabilidad percibida de cumplimiento. Cada vez estaba más atónita, ¿dónde estaba la conexión humana? Fui a la facultad de Derecho para ayudar a la gente a empoderarse, pero la práctica de la ley parecía diseñada para dividir y sembrar la desconfianza entre ellos.

Lo que quiero decir no es que los contratos y las normas jurídicas no importen, todo lo contrario; el estado de derecho y la capacidad de mantenerlo nunca han sido más importantes. Lo que digo es que hemos empapelado los vínculos humanos con jerga jurídica, y en el proceso hemos cortado las mismas relaciones que mantenían unida a la sociedad.

Sin embargo, los bufetes de abogados no son más que el principio. Cuando se investiga a fondo, se perciben en todas partes roturas en la confianza, pero no porque la mayoría de las personas no sean dignas de esta, más bien porque hemos diseñado tantas cosas a partir de la premisa de la desconfianza en el individuo medio [69] que hemos reducido el espacio para que se encuentre la auténtica fiabilidad. Hay muchos ejemplos para enumerarlos aquí todos, pero esta es una muestra (sigue leyendo para más detalles):

- La remuneración exorbitante de los ejecutivos es un abuso de confianza.
- La publicidad suele ser una violación de la confianza. Las campañas de marketing proclaman «Confía en nosotros» sin ofrecer una transparencia total. Las empresas acechan y vigilan a los clientes [70] para conseguir su información y venderles más cosas mientras les ocultan lo que realmente ocurre.
- Incentivar y recompensar a las personas con medidas que pasan por alto las implicaciones reales de su trabajo —ya sea el aumento del estrés, el daño medioambiental causado por los productos que se contratan para fabricar y vender, o la prioridad de los beneficios a corto plazo sobre el bienestar a largo plazo— son violaciones de la confianza.
- Los fondos de inversión que invierten en las empresas que hacen estas cosas están incumpliendo la confianza depositada en ellos.

LA DESIGUALDAD GENERA DESCONFIANZA

¿Es más probable que confíes en un director general cuyo salario esté en consonancia con el de los miembros de su equipo o en uno cuyo salario sea exponencialmente mayor que el de ellos? ¿Por qué?

¿Es más probable que confíes en una empresa que comparte sus beneficios con los empleados y permite la revisión pública de sus libros de contabilidad, o en una que mantiene estos datos ocultos?

¿Es más probable que confíes en alguien rico o en alguien pobre? ¿Por qué?

La desigualdad y la desconfianza están correlacionadas. Tanto dentro de las organizaciones como entre sociedades, países y culturas, a mayor desigualdad, mayor desconfianza.

En Estados Unidos, en 1958, el salario medio de un director general era ocho veces mayor que el de un trabajador medio. En 1965, esta proporción había aumentado 21 veces; en 1989, 61 veces, en 2018 era mayor de 293 veces, y en 2019 se había disparado a 320 veces [71]. Eso significa que el típico CEO gana 320 veces más que la persona media que trabaja para él y que está perfectamente satisfecho con este acuerdo. Sin embargo, piensa en esto desde la perspectiva de los trabajadores: ¿dónde está la confianza? Si los directores generales buscan su propio sueldo, no buscan la confianza auténtica. Además, al aprobar este esquema, la empresa —incluido su consejo de administración— está fomentando una cultura de desconfianza. También está echando a perder otros esfuerzos encaminados a la resiliencia y la sostenibilidad (de ello nos ocuparemos en el capítulo 5, Conozca su «suficiente»). Y hay más: las empresas con mayor desigualdad salarial tienden a estar peor gestionadas [72].

La conexión entre la desconfianza y la desigualdad no es solo un problema estadounidense. Es una némesis global, con un daño extra para los lugares con historia colonialista. Parte del papel del colonialismo fue y sigue siendo mantener un muro de desconfianza entre nativos y colonizadores, entre locales y extranjeros. Romper la confianza no solo crea una mentalidad de «nosotros contra ellos», sino que también legitima la desigualdad estructural. Este sistema sembró las primeras semillas de la desconfianza hace mucho tiempo; la exorbitante remuneración de los ejecutivos de hoy es una de las muchas malas hierbas que siguen descomponiéndose. La compensación basada en incentivos es una herramienta poderosa y útil. Las organizaciones de todo el mundo la utilizan con éxito. Pero demasiado de cualquier cosa puede ser tóxico, y cuando nos encontramos en un mundo en el que aproximadamente 2100 personas (los multimillonarios del mundo) tienen más riqueza financiera que los 4600 millones de personas más pobres juntos [73], es imposible no reconocer que este sistema ha perdido el punto de referencia.

SABIDURÍA ANTIGUA, CONFIANZA INTEMPORAL

Antes de deslizarnos demasiado por la pendiente de la desconfianza, demos un paso atrás en la historia para comprender mejor lo que nos precedió y ayudarnos a avanzar hacia un futuro más positivo.

En nuestras luchas actuales con la confianza, podemos aprender mucho de la sabiduría antigua e indígena, que en realidad están muy vivas hoy en día y contienen pistas inestimables sobre cómo fluir.

La sabiduría indígena se basa en la confianza y las relaciones entre las personas y el medio ambiente, entre las estaciones y las actividades, entre el trabajo y la vida, y entre el pasado, el presente y el futuro.

Durante la mayor parte de la historia, la humanidad ha pasado el tiempo observando la naturaleza hasta poco a poco ir comprendiendo cuándo huyen los peces, cuándo cambian las estaciones, dónde ponen los huevos los pájaros o cómo se mueven las estrellas.

Durante la mayor parte de la historia, las personas también vivían en comunidad y de los bienes comunes [74]. Se gestionaban los recursos de todos —cuencas hidrográficas, tierra, alimentos, refugio— con una mentalidad comunitaria. Es decir, los recursos no eran para que unos los utilizaran y a otros se les negaran. Así aprendimos a pensar en el futuro: si encuentras huevos en un nido, no los coges todos, porque quieres que haya pájaros el año que viene.

Esta sabiduría se obtuvo con mucho esfuerzo. Ha requerido paciencia, diligencia, concentración y confianza durante milenios. Desde los primeros pobladores de Australia hasta las Naciones Originarias de Canadá, los quechuas de los Andes y miles de otras tribus de todo el mundo, esta sabiduría ancestral sigue sosteniendo la historia de la humanidad. Sin embargo, todo esto estuvo a punto de ser destrozado por la doble fuerza de la colonización y el consumismo, porque la sabiduría indígena representaba una amenaza para sus objetivos.

El colonialismo y el consumismo, cada uno a su manera, solían tachar de heréticas las prácticas de gestión de las comunidades indígenas. Los colonialistas difamaron y estigmatizaron la sabiduría indígena como «primitiva». Los lanzamientos de marketing de masas dirigidos al consumidor tratan de cegarnos a su sentido común intemporal. (¿Recuerdas el asunto sobre el consumidor y el ciudadano del capítulo 2? También es una parte importante de nuestra crisis de confianza). Nos cegamos hasta el punto de creer que estas distorsiones son perfectamente normales. ¿Una empresa que vende nuestros datos íntimos a cambio de poder compartir nuestras fotos? Sí, claro. ¿Una empresa cuyo director general gana mil veces más que los demás? Bien. Cosas así pueden ser (o no) distorsiones o compensaciones que hemos acordado; en cualquier caso, son profundas roturas de la confianza.

Además, esta realidad socava nuestra confianza no solo en las organizaciones, sino también entre nosotros. La desconfianza tiene una notable capacidad para deslizarse sigilosamente y, una vez la hemos normalizado, no solemos darnos cuenta de que está ahí. Pero cuando damos un paso atrás y observamos lo que hemos hecho —por la vigilancia del capitalismo y la sobreprotección de la propiedad intelectual[75], o simplemente por temor a que un niño suba a un parque infantil—, es realmente extraño. El sentido común dice que podemos hacerlo mucho mejor. La sabiduría indígena sabe que podemos.

Cuando intentamos recuperar la confianza en el siglo XXI, esta sabiduría intemporal es una de las claves para conseguirlo. Forma parte de un «nuevo» guion que, en realidad, es muy anterior al antiguo. No necesitamos encontrar nuevas soluciones: tenemos que volver a orientarnos, reconectar con nosotros mismos y con los demás, y redescubrir lo que siempre hemos sabido.

Confianza, verdad y culturas antiguas

Hace más de 3000 años, los sabios de la India trabajaban en una serie de textos sánscritos que constituyen la columna vertebral de las tradiciones indias actuales. Una de esas obras fue el *Yoga Sutras*, atribuido al sabio Patanjali[76]. En esta obra, Patanjali esboza una serie de restricciones y observancias éticas universales, conocidas como *yamas* y *niyamas*. El segundo *yama* es *satiá*, o la veracidad, cuya raíz, *sat*, se traduce como «la verdadera esencia o naturaleza».

En el principio de *satiá*, la confianza solo puede surgir siendo sincero. Por lo que practicarlo requiere un compromiso total con la verdad: ser sinceros con nosotros mismos y con los demás, en nuestras palabras, acciones e intenciones. Cuando no somos sinceros, nos desconectamos de nuestro yo superior: nuestra mente se confunde y no podemos confiar en nosotros mismos. Con *satiá* podemos confiar en nuestra sabiduría interior y en el mundo exterior, incluso en un mundo en transformación.

Aproximadamente un milenio después (y aún hoy en la India), el sistema de chakras surgió como parte de otro texto antiguo, los Vedas[77]. Los chakras son los siete centros de energía del cuerpo humano, normalmente representados por un disco o rueda giratoria que recorre la columna vertebral. La salud de tus chakras está directamente relacionada con la salud de tu mente, cuerpo y espíritu.

El primero, conocido como «chakra de la raíz», te da la base y gobierna tu sensación de seguridad. El segundo, conocido como «chakra sacro o *svadhisthana*», significa 'el lugar del yo' y rige tus emociones, incluido tu derecho a sentir.

Si no puedes confiar, no puedes sentir. La confianza es lo que te abre a la experiencia, al compromiso, al aprendizaje y a la sensación de vida. Cuando no puedes sentir, todo lo demás en tu sistema —incluyendo tu poder personal, tu identidad, tu confianza, tu compasión, tu voz, tu percepción y tu intuición— puede bloquearse o, peor aún, cortarse por completo. La confianza es el punto de apoyo en torno al cual gira tu potencial.

Al otro lado del mundo y casi dos milenios después, los toltecas de Mesoamérica elevaron aún más nuestra comprensión de la confianza.

Popularizados en *Los cuatro acuerdos* de Miguel Ruiz, los toltecas sostenían que la verdad —y la confianza— eran el centro de todo lo demás[78]. El primer acuerdo es: ser impecable con tu palabra. ¿Qué es ser impecable sino ser veraz y digno de confianza?

EL NUEVO GUION: DISEÑAR DESDE LA CONFIANZA

El viejo guion de la desconfianza es como una muerte lenta por miles de cortes, muchos de los cuales ya hemos sido testigos. Por el contrario, el nuevo guion de la confianza ofrece una enorme oportunidad —de hecho, un superpoder— para aquellos que pueden adoptar una mentalidad Flux. Cuando responsablemente empezamos por la confianza, creamos abundancia, conexión y solidaridad. Piensa en lo siguiente:

- Wikipedia es una enciclopedia global en línea que permite editarla a cualquier persona del mundo[79].
- La política de gastos de los empleados de Netflix tiene cinco palabras: Actúa en beneficio de Netflix[80]. No hay manuales de RR. HH., ni dietas, ni formularios que firmar. Solo cinco palabras.
- BlaBlaCar es una plataforma global de viajes compartidos entre ciudades que opera en Europa, Asia y América Latina. Los viajeros que van en la misma dirección la utilizan para compartir viajes. No se conocen de antemano, pero a menudo se hacen amigos rápidamente. BlaBlaCar transporta a más de cuatro veces más personas que toda la red ferroviaria europea y está valorada en más de 1000 millones de dólares.
- La microfinanciación es la concesión de pequeños préstamos a personas pobres económicamente activas y sin garantías. Los bancos tradicionales consideran a estos clientes «inviables», pero las tasas de reembolso de los clientes de la microfinanciación son sistemáticamente tan altas o más que las de cualquier otro tipo de préstamo.
- A diferencia de los europeos, los primeros nativos de Argentina dominaban un arte de domesticar caballos, conocido como «doma india»[81]. Para ellos, la práctica tradicional europea de amansar a un caballo «domándolo» no solo era cruel, sino que además daba lugar a un animal mucho menos capaz.

- En Kibera (una barriada urbana cerca de Nairobi, Kenia) y en otros barrios de otras partes del mundo, los vecinos comparten ingredientes. Una familia aporta la sal, otra aporta la harina. Esto se hace sin libros de contabilidad ni pagarés. «Lo que hay disponible» no se limita a tu despensa, sino que se extiende a tu comunidad.

- El software de código abierto es un programa informático que cualquiera puede utilizar, estudiar, modificar y compartir. Se desarrolla de forma colaborativa y pública; es decir, es la antítesis de esa propiedad intelectual celosamente protegida por defensas legales. Algunos de los programas más potentes y populares de la actualidad son de código abierto. Además, el concepto se extiende más allá de estos programas, pues existen proyectos, productos e iniciativas de código abierto en casi todos los sectores, que emplean los principios de intercambio abierto, transparencia y participación colaborativa.

Enciclopedias en línea, viajes compartidos, departamentos de recursos humanos, desarrollo de software, servicios financieros: son ejemplos muy diferentes. Sin embargo, ¿qué tienen en común? Todos ellos están diseñados a partir de la confianza[82], un elemento fundamental del nuevo guion.

Estos sistemas, modelos, productos y servicios se crean a partir de la creencia fundamental de que la mayoría de los seres humanos son dignos de confianza, tienen buenas intenciones y están predispuestos a la conexión humana. No todas las personas: ¡la mayoría![83] Diseñar desde la confianza reconoce que las manzanas podridas existen, pero las trata como una excepción y no como la regla. Además, diseñar desde la confianza libera el genio que la desconfianza intenta destruir. El software de código abierto y las normas de RR. HH. de Netflix confían en las personas para resolver las cosas y hacer nuevos descubrimientos juntos. Convierten el miedo a la escasez en la abundancia que nace de la confianza.

Estos ejemplos son contraproducentes al principio. Te obligan a ver hasta qué punto has caído en la madriguera de la desconfianza, a menudo sin darte cuenta. Puede que incluso te sientas avergonzado.

Pero, una vez que has ido más allá y has pensado realmente en lo que representan estos ejemplos, quieres más. Quieres unirte. Te conviertes en un embajador de la confianza. Anhelas más confianza: que confíen en ti, en los demás, que vivan en un mundo diseñado desde la confianza. Imagínate, sería increíble, ¿no?

La primera vez que aprendí a diseñar desde la confianza fue gracias a Jerry Michalski. En los años 90, Jerry era analista de tendencias tecnológicas. Mientras investigaba las empresas, quedó impactado por el dominio del consumismo en nuestras vidas. A lo largo de los años, vio cómo la forma en que se nos trata como consumidores (en lugar de como ciudadanos, creadores, colaboradores o simplemente seres humanos) implica muchas roturas de la confianza. Más tarde, convirtió esas ideas en *Diseño desde la confianza*[84]. Llegué a confiar tanto en Jerry y en su forma de pensar que acabé casándome con él.

EL NUEVO GUION: LIDERAR CON CONFIANZA

Me parece estar oyéndote: «Entiendo el concepto. Pero como líder, realmente, ¿qué es lo que hay que hacer para diseñar y empezar con confianza?». He aquí una instantánea de lo que hay que hacer, por dónde empezar y hacia qué apuntar.

Es un asco ocultar todo

Como has visto (y casi seguro que has experimentado de primera mano), las empresas hacen muchas cosas que les impiden ser dignas de confianza. Cuando se diseña desde la desconfianza, hay que ocultar información: a los empleados, a los clientes, a los amigos, irónicamente a quien se quiera apaciguar (o, en términos menos inspiradores, a quien se quiera apropiar). Si tienes estructuras de compensación exorbitantes, anticipas la posibilidad de mantener una conversación franca y abierta basada en la confianza. Puedes lanzar una campaña de marketing con el lema «confía en nosotros», pero eso es una clara señal de que no es de fiar ni para los trabajadores ni para los clientes.

He aquí un buen filtro para saber si tu empresa es digna de confianza: si no puede compartir la información salarial de forma transparente, si lleva a cabo campañas de marketing diseñadas para persuadir a los clientes en lugar de capacitarlos, o si mantiene a los trabajadores en filas, es muy probable que no lo sea.

Se necesitan acciones significativas para superar estas barreras y que una organización se convierta en verdaderamente fiable. La parte positiva es que hay muchas maneras de conseguirlo.

Un buen punto de partida es realizar una «auditoría sobre el estado de confianza» para identificar todos los lugares donde esta es alta, baja o inexistente. ¿Puedes trazar un mapa de estos lugares? ¿Tienes una idea de cómo se ha introducido la desconfianza? ¿Aplicas políticas diseñadas a partir de la desconfianza a colegas en los que no tienes motivos para desconfiar?

Para empezar, peca de franqueza. Piensa en libros abiertos: deja que todos los empleados vean los presupuestos, los salarios y las métricas.

Luego, ve más allá: deja que los empleados fijen los salarios y las primas, trabajando juntos. Confía en que, si delegas en ellos y les proporcionas suficiente información, harán bien su trabajo y corresponderán a tu confianza. Acaba de liberar su genio y convertir la escasez en abundancia: cuando la gente siente que confía en ella, no solo es más creativa, sino también más productiva.

Luego, sigue por este camino de la confianza: habla con los demás y fomenta la democracia en el lugar de trabajo; dales a todos los empleados acciones de la empresa; establece una estructura cooperativa para al menos una parte de tus operaciones.

A lo largo del camino pueden surgir algunos interrogantes adicionales que vale la pena responder:

- Cuando se trata de métricas, no todo se puede medir con números. ¿Cómo se mide la confianza?
- Si la cultura y la sostenibilidad de tu organización se basan fundamentalmente en las personas y las relaciones, ¿cómo mides su salud?
- ¿Supones la buena intención de los demás? Si no es así, ¿por qué contratar a esa persona en primer lugar?

La paradoja de la vulnerabilidad y la confianza

Eres el director general de una organización: si digo «vulnerabilidad», ¿qué significa para ti?, ¿qué significa para tus colegas?

Tú y tu compañero de vida habláis de «vulnerabilidad»: ¿qué significa para ti?, ¿qué significa para tu pareja?

Es posible que las respuestas sean completamente opuestas. En el ámbito empresarial, la vulnerabilidad se asocia a menudo con la debilidad. Sin embargo, en el ámbito personal, es uno de los rasgos más preciados que podemos tener, porque es lo que nos permite amar, ser amados y mostrarnos plenamente como somos.

Con el antiguo guion, veíamos la vulnerabilidad como un lastre para diseñar los sistemas. Con el nuevo guion y en un mundo en cambio, tenemos que diseñar de forma responsable la vulnerabilidad dentro de los sistemas de manera que realmente potencien la resiliencia, permitan el cambio y la evolución, y despierten esa parte de nuestra humanidad que quiere conectar y hacer lo correcto.

En el nuevo guion, la vulnerabilidad es un activo, no un pasivo. Superamos la barrera de esos abogados que se asustan y nos dicen que no podemos ser vulnerables en ningún aspecto o que estamos condenados si mostramos alguna debilidad. En gran medida, lo que asusta a los abogados —y lo digo como abogada en recuperación— es que algunos de sus honorarios desaparezcan.

PERO ESTO SUENA TAN... ¡RARO!

Si algo de esto te parece contraintuitivo, contrario, incómodo o incluso aterrador, no estás solo. Es difícil dejar de lado viejos guiones y formas de pensar en los que se ha confiado durante años, o reconocer que están muy deteriorados. No solo hay que arreglarlos, sino que exigen una transformación total, y esa es una de las partes más emocionantes, valiosas y satisfactorias de tu viaje de liderazgo.

En tiempos de poca confianza, los líderes y las organizaciones con mucha confianza son aún más atractivos. En un mundo en transformación, la confianza es tu brújula moral y tu elemento diferenciador. La confianza te distingue de ese viejo guion de «los negocios de siempre»; es la que hace que los clientes vuelvan (¡sin presupuesto de marketing!) y refuerza tu longevidad. Hoy en día, esta oportunidad de diferenciarse en formas que realmente importan es mayor que nunca.

Ten también en cuenta esto: empezar por la confianza no es solo cosa tuya. Piensa en el poder de la inteligencia colectiva, en el sentido de la colaboración y en el poder que surge cuando colectivamente empezamos por la confianza. Piensa en cómo puedes ser un defensor de esto con los demás y en lo que podéis forjar juntos. Piensa en las nuevas (y a la vez intemporales) formas de trabajar, vivir, colaborar, crear, comprender, aprender, liderar y ser que por fin se abren.

EN EL FLUJO CONFIAMOS

En un mundo en cambio, una cultura de la desconfianza no es solamente frustrante, ineficaz o injusta. En un entorno de cambio constante, sin confianza entre las personas, la sociedad empieza a quebrarse. Es imposible gestionar la incertidumbre permanente sin confianza: es como si hubiéramos tirado nuestras brújulas y chalecos salvavidas por la borda mientras la tormenta arrecia en el mar, aunque muchas personas en el barco reconozcan que nuestra supervivencia individual y colectiva depende de ellos.

Estamos en las primeras fases del vuelco de este barco. Dependiendo de con quién se hable, las grietas en el casco ya son evidentes. Aquellos que se sienten más amenazados por las grietas —o a los que la cultura de la desconfianza sirve bien— son los menos propensos a verlas. Esto complica el panorama de la incertidumbre: ¿los seres humanos se verán alguna vez cara a cara?

Sin embargo, haciendo caso a la trillada frase de Leonard Cohen, estas grietas son precisamente por donde la luz entra y por donde tiene la oportunidad de defenderse el futuro. La realidad actual es tanto una llamada de atención como una apertura a la transición. Es un punto de entrada para repensar y rediseñar la forma en que vivimos, trabajamos, nos relacionamos y nos vemos. Y podemos —debemos— repensar, desaprender, reaprender y empezar de nuevo... con confianza.

REFLEXIONES: **EMPEZAR CON LA CONFIANZA**

1. ¿Se puede confiar en el ciudadano medio? ¿Por qué o por qué no? ¿Qué influye en tu respuesta?
2. ¿Sueles ser rápido para confiar o rápido para desconfiar?
3. ¿Confías en ti mismo? ¿En qué momento se tambalea más la confianza en ti mismo?
4. Si algo no se puede medir, ¿existe?
5. Cuando pides a la gente que confíe en ti, ¿qué sientes?

5

CONOCER TU «SUFICIENTE»

Codicia es un poco más que suficiente.

Toba Beta, poeta indonesio

Todavía recuerdo aquel día. Tenía siete años y estaba sentada en el rincón de la cocina que mi padre había construido, por donde se filtraba el sol. Mi barbilla apenas rozaba la superficie de la mesa y mi madre dirigía la conversación.

«April, acabas de aprender a sumar, restar, multiplicar y dividir. Te gustan los números. Tenemos una idea que creemos que te ayudará a aprender aún más. A partir de hoy, te encargarás de tu propio presupuesto».

En ese momento, no podía procesar lo que esto significaba. ¿Qué pasa con mi asignación? ¿Era como un presupuesto para el dinero de bolsillo o para todo?

Resulto que mis padres hablaban bastante en serio. Si no todo, yo tenía que encargarme de casi todo: desde el material escolar hasta la ropa interior y los «gastos para salir». Podía ganar todo lo que quisiera, aunque las tarifas vigentes para un trabajo de siete años no eran especialmente lucrativas. Mis padres eran profesores de la escuela pública; el dinero era crónica e incómodamente escaso.

Como era de esperar, me convertí enseguida en una persona emprendedora y con recursos. Empecé a utilizar todas mis habilidades para llegar a fin de mes: aprendí a coser y hacía piezas sencillas de ropa para vender; lavaba coches, limpiaba las casas de nuestros vecinos y cortaba el césped. Aprendí a hacer un presupuesto, lo que eran los préstamos y el interés compuesto y, finalmente, cómo funcionan los mercados financieros.

Al mismo tiempo que me esforzaba y aprendía, vivía en el limbo de no saber nunca si tendría suficiente. Mis padres me habían dejado claro que cuando no pudiera llegar a fin de mes, no debía pedirles ayuda. El mantra diario de mi madre era la autosuficiencia y la independencia, pero mi yo de siete años a veces se sentía abandonado, como si me hubieran lanzado al abismo sin un flotador de seguridad.

Cuando fui a la universidad, me sorprendía que mis amigos se limitaran a pedir dinero a sus padres. Tenían dieciocho años y nunca habían tenido que hacer un presupuesto. Me horrorizaba y al mismo tiempo me daban un poco de envidia.

Y entonces murieron mis padres. Casi inmediatamente, tuve que preguntarme: ¿Qué significaba realmente «suficiente»?

- ¿Suficiente amor para sobrevivir?
- ¿Suficiente seguridad para sentirse seguro?
- ¿Suficiente dinero para cuidarme?
- ¿Suficiente alegría para recordar lo que es bueno en la vida?
- ¿Suficiente paciencia para ver un mañana mejor?
- ¿Suficiente valor para dar el siguiente paso?

En los años transcurridos desde ese pensamiento inicial, el concepto de lo suficiente se ha vuelto más rico y complejo para mí. A partir de mi trabajo en el ámbito del desarrollo global y de mis viajes por los mercados frontera, empecé a cuestionar, de forma directa y a menudo incómoda, qué significaba:

- Suficiente compasión por la humanidad.
- Suficientes ingresos para sacar a alguien de la pobreza.
- Suficiente comida, agua, vivienda y atención sanitaria para prosperar.
- Suficiente compromiso para ayudar a otros necesitados, estén donde estén.

En el mundo actual impulsado por el consumo, estamos acosados por un guion que proclama con obstinación «Más es mejor» y se burla de uno por no hacer, no ganar o no obtener nunca lo suficiente. Este guion es viejo y anticuado, pero sigue muy vivo. Una de sus expresiones más populares es que «nunca tendrás suficiente»...

- poder para marcar la diferencia;
- prestigio para sentirte importante;
- dinero para ser rico;
- elección para estar satisfecho;
- nuevos juguetes para eclipsar a tus compañeros o vecinos;
- el éxito, eso es todo.

Y mientras corremos a adquirir más cosas, dejamos sobre la mesa prioridades esenciales como:

- ¿Qué es suficiente igualdad?
- ¿Qué es suficiente integridad?
- ¿Qué es un bienestar suficiente?

Al final del día, a mucha gente le cuesta responderse a: ¿soy suficiente? (Puede que incluso te preguntes si «Saber tu suficiente» es una errata de la frase «Saber que tú eres suficiente». Te aseguro que no lo es).

Todo está bastante descontrolado, pero presta atención: en general, son ecos del viejo guion. Empiezan a disolverse cuando se escribe un nuevo guion centrado en lo suficiente. Este guion es sostenible, inspirador y centrado en el ser humano. Te ayuda a redefinir tus parámetros de éxito, te aporta satisfacción y transforma tu forma de pensar sobre lo que tienes, lo que haces y lo que aspiras a ser.

EL SUPERPODER: **CONOCER TU SUFICIENTE**

En un mundo que se esfuerza incesantemente por conseguir más, debes conocer tu «suficiente».

La raíz griega de la palabra *suficiente* es *enenkeîn*, que significa «llevar». Durante gran parte de la historia de la humanidad, lo que una persona podía llevar era suficiente para ella. El concepto tiene sus raíces en la escala humana. Otras lenguas primitivas, desde el latín hasta el inglés antiguo y el albanés, se centraban igualmente en la suficiencia y la satisfacción de lo suficiente, lo cual significaba haber alcanzado, logrado o satisfecho las necesidades de uno. Ni más ni menos.

Hoy en día, «suficiente» es un adjetivo que en términos de cantidad, calidad o alcance, su significado sigue centrándose en la suficiencia y la satisfacción: ni más ni menos.

Sin embargo, en algún momento, a pesar de las definiciones, se produjo un cambio. Mental, emocional y prácticamente, una gran parte de la humanidad abandonó la norma de «suficiente para satisfacer» y adoptó un nuevo sentido: la insuficiencia perpetua, la insaciabilidad y el «nunca es suficiente».

Gran parte de este cambio se debe a la llegada del consumismo moderno. El guion consumista logra implacablemente convencer a los individuos y a la sociedad en su conjunto de que más es mejor. Cuanto más poseas, mayor será tu valor. Cuanto más ganes, mayor será tu importancia. Cuantos más seguidores tengas, más...

¿En serio?

Este guion también nos ha puesto colectivamente en una rueda de hámster que corre cada vez más rápido hacia ninguna parte. (Ve al capítulo 1, Corre más despacio). Incluso las personas con innumerables logros y reconocimientos siguen anhelando «más».

Es una mentalidad de «más» que se mide con números y poder relativo: «Eres lo que mides». «Si no puedes medirlo, no existe». Ganas más que Jack, tienes menos éxito que Olivia, tu casa es más grande que la de Frank, tu coeficiente intelectual es menor que el de Julia, etcétera. Sin embargo, ¿qué dice esto realmente de ti y de los valores que hay detrás de estas mediciones?

Este «ciclo de más» y el guion que lo impulsa pueden arraigar deprisa y ser sorprendentemente difíciles de abandonar. La verdad es que ninguna cantidad de cosas físicas puede reemplazar tu sentido de valor interno, pero puede llevarte con facilidad a la bancarrota (y dañar el medio ambiente en el proceso). Sin embargo, el viejo guion te convence de lo contrario. Así es como está diseñado el consumismo actual: el objetivo de «más» nunca puede satisfacerse del todo, lo que te mantiene atado a la rueda del hámster, haciendo clic en los anuncios y comprando cosas que nunca satisfacen del todo.

Pero espera. Esto es un guion. Y no es uno por el que muchas personas optarían si realmente se detuvieran a pensar en ello. ¿Quién quiere vivir para un objetivo inalcanzable fijado por otros, que es agotador y caro, y que a menudo trae más celos que alegría? El nuevo guion ve a través del espejismo del «más» y dice: «Ya es suficiente».

Con tu mentalidad Flux abierta, puedes empezar a reajustar tus métricas y escribir un nuevo guion. Este cambio, que va de una interminable búsqueda de más a una clara comprensión de lo que es suficiente, es sencillo pero profundo.

Saber que te basta no significa ser avaro, poco caritativo o vivir en la escasez. Si esa es tu reacción (o tu miedo), has malinterpretado por completo este superpoder. Saber que es suficiente es, de hecho, lo contrario de estas cosas: te da espacio para la generosidad y la plenitud[85]. (Una gran ironía de este superpoder es que en un mundo centrado en más, nunca encontrarás lo suficiente. Sin embargo, en un mundo centrado en lo suficiente, encontrarás inmediatamente más).

Conocer tu suficiencia te aporta claridad sobre lo que realmente importa. Cuando sabes que te basta, tienes menos ansiedad y tu capacidad de prosperar se expande mucho. Perfeccionar este superpoder libera todo tu potencial ante el mundo.

Saber lo que es suficiente te hace ver la inutilidad de la comparación y te permite desarrollar tu propia medida de suficiencia, una basada en la satisfacción interna, el significado, las relaciones, la resiliencia, el descubrimiento y la ayuda a los demás. Estos parámetros son más que una etiqueta con el precio porque, si tenemos claros nuestros respectivos suficientes, no disminuyen el éxito de los demás: yo no estoy más realizado que tú, o viceversa. Al contrario, somos más capaces de levantarnos mutuamente.

Y aquí está el quid de la cuestión: en un mundo en transformación, cuando el cambio te pone patas arriba, tu suficiencia importa. MUCHO. Si estás trabajando en la rueda del hámster y no tienes claro qué es suficiente, te espera un mundo de dolor cuando se produzca el cambio: no solo el dolor de que te saquen de la rueda del hámster y no sepas a qué atenerte, o la angustia de sentirte insuficiente según los estándares sociales (a los que, sin embargo, has optado), sino también la incomodidad y el riesgo de mantener ese estilo de vida de «cada vez más». Dicho de otro modo, cuando llegue el cambio, cuanto más necesites —o cuanto más lejos esté tu suficiencia— menos flexibilidad tendrás para adaptarte.

Pero no tiene por qué ser así, y este capítulo explora cómo las personas, las organizaciones y las culturas de todo el mundo lo están resolviendo todos los días.

LA TENSIÓN DE HOY: DEMASIADO VS. NO SUFICIENTE

Para ser claros, hay una gran diferencia —y mucha tensión hoy en día— entre las personas que tienen más que suficiente y aquellas cuyas necesidades básicas no están cubiertas. Es una conversación completamente diferente la de quien quiere simplificar su vida de quien se preocupa por alimentar a su familia o tener un techo sobre su cabeza. Como aprendimos en el capítulo 2, los privilegios impiden ver el panorama completo, pues tienden a limitar tu guion, tus percepciones de lo que hay en el guion y tus creencias sobre cómo podría cambiarse. El hecho de que tengas más que suficiente o no suficiente depende de forma inevitable y en cierta medida de tu privilegio, independientemente de que este se deba al trabajo, a otras personas o a pura suerte.

> ### ¿Cuál es tu suficiente?
>
> - ¿Cómo defines hoy «suficiente»? ¿Lo defines de manera diferente para ti que para otras personas? ¿Por qué o por qué no?
> - ¿Cómo defines tu autoestima? ¿Qué métricas usas?
> - ¿Qué tienes «más que suficiente» hoy?
> - ¿Qué es lo que «no tienes suficiente» hoy?
> - ¿Qué sentimiento te suele surgir cuando piensas en suficiente: frustración, inspiración, anticipación, miedo, alegría ¿o algo más?
> - ¿Cuál es ese «suficiente» que te ayudará a crear un mundo mejor?
>
> Ten estas respuestas a mano mientras lees este capítulo.

Aunque es imposible despojarte de tus privilegios a través de este libro, es esencial que los compruebes desde el principio para poder desarrollar este superpoder. Para ayudarte a hacerlo, piensa en lo siguiente en el contexto de cualquier privilegio que puedas tener:

- ¿Qué significa tener más que suficiente dinero, pero menos que suficiente humanidad?
- ¿Qué significa tener demasiada ropa, pero no suficiente aire fresco para respirar?
- ¿Qué significa tener demasiadas cosas en la lista de tareas pendientes y no tener suficiente tiempo para pensar?

Más que suficiente es demasiado, no lo suficiente es precario. Ninguno de los dos es apto para el flujo.

Saber cuál es tu suficiente significa tanto reducir los excesos como ayudar a los necesitados; y también apreciar que tu suficiencia individual está supeditada a la suficiencia de la sociedad. El siguiente ejemplo puede alumbrar esta dinámica:

En todo el mundo, la gente está preocupada por el efecto de la automatización de la mano de obra. ¿Se eliminará mi puesto de trabajo? Si la profesión para la que me he formado se queda obsoleta, ¿qué haré? Las carreras profesionales cambian, las expectativas y el futuro del trabajo también. ¿Habrá «suficiente» trabajo para que «suficientes» personas obtengan ingresos «suficientes» para tener un nivel de vida «suficiente»?

En Suecia, la estrategia del Gobierno nacional es «proteger a las personas, no los empleos». El Gobierno sueco ha dejado claro que ningún puesto de trabajo (incluido el tuyo) está garantizado: una nueva tecnología (o una pandemia, el cambio de gustos o miles de otras influencias) puede hacer que tu trabajo se quede obsoleto. Sin embargo, el gobierno garantiza que, si tu medio de vida se ve interrumpido, tu bienestar estará protegido. Esto se hace a través de ayudas a la renta y a la reconversión profesional, y se paga con los impuestos[86].

Detente un momento y piensa en las implicaciones de la política sueca. Perder un trabajo nunca es fácil, y menos en tiempos de grandes cambios e incertidumbre. Tu cerebro puede entrar en modo crisis, es decir, te cuesta ser creativo, te resistes a reconocer lo que ha pasado y quizás incluso te desconectes por completo. Has perdido tu identidad profesional (lo retomaremos en el próximo capítulo) y con ella una parte de tu antiguo guion.

Sin embargo, ¿qué pasaría si supieras que, aunque no ganes «más» prestigio por el ascenso que esperabas o «más» ingresos como persona más veterana del equipo, sigues teniendo lo suficiente de ambos para seguir adelante? Podrías liberar tu cerebro de la preocupación por lo que ya no es y centrarte en cambio en lo que está por venir.

Este no es un libro sobre políticas públicas; sin embargo, las implicaciones políticas de lo suficiente son notables. Afectan a la productividad, la preparación para el futuro, la cultura organizativa, la estabilidad social y el bienestar individual y colectivo. En los países con políticas laborales limitadas o no flexibles, no es de extrañar que la gente tema la automatización.

En ausencia de garantías de ingresos básicos, de acceso asequible a la sanidad y de programas de reconversión profesional de cara al futuro, es fácil prever —incluso haciendo todo lo que se supone que se debe hacer— un deslizamiento hacia el «no es suficiente».

LIDERAR CON LO SUFICIENTE

Si tú y yo tuviéramos una conversación en tiempo real, este es el punto sobre el que podrían surgir una o dos preguntas acerca del liderazgo. Tú eres un líder y un buscador, pero ¿cómo es el liderazgo en un mundo de suficientes?

Como vimos en la introducción, el viejo guion tiene una definición estrecha del liderazgo. Pero con una mentalidad Flux y un nuevo guion, el liderazgo adquiere una relevancia nueva y ampliada, entre otras cosas porque lo que hace a un gran líder evoluciona en un mundo en flujo.

Dirigir desde un lugar de suficiencia es bastante diferente de lo que sugieren muchos supuestos gurús del liderazgo que están atascados en el viejo guion. Este superpoder va más allá de desmantelar jerarquías o establecer iniciativas de diversidad, equidad e inclusión (DEI). Tiene implicaciones para el liderazgo responsable y la longevidad, así como para la sostenibilidad y la confianza. Y también tiene algunas sorpresas.

Empecemos por lo último acerca de la confianza. Volvamos a lo que aprendimos en el capítulo 4: tanto en las organizaciones como en las sociedades, cuanto mayor es la desigualdad, mayor es la desconfianza. Si, como líder, tu salario es radicalmente superior que el de tus colegas, entonces, por desgracia, has establecido una cultura de desconfianza y te has alejado de lo suficiente.

Pregúntate a ti mismo y luego pregunta a tus colegas: ¿es más probable que confíes en un director general cuyo salario está en consonancia con el de su equipo, o en uno cuyo salario sea mucho mayor? ¿Por qué?

A continuación, piensa en tu legado. ¿Por qué quieres que te recuerden? ¿Por qué haces lo que haces?

Tu personalidad «suficiente»

Para despertar algunas energías creativas, sin pensar demasiado, responde a las siguientes preguntas:

- ¿Prefieres tener un barco o un amigo con barco?
- ¿Qué harías si tuvieras tiempo «suficiente»?
- Cuando le regalas algo a otra persona, ¿es una pérdida o una ganancia para ti?
- ¿Qué haces con el exceso?
- Piensa en alguien que ejemplifique «suficiente». ¿Qué hay en esa persona que te hace verlo así?

Liderando con el viejo guion en la mano podrías responder a esta pregunta en términos de más: maximizar los beneficios, crear una empresa más grande, tener una casa más grande o construir un gran yate. Pero desgraciadamente esto sería inadecuado.

Liderar el nuevo guion y una mentalidad Flux se resolvería en términos de pagar a todo el mundo lo suficiente, garantizar que todos se sientan seguros y valorados, y tratar a los demás como compañeros y no como subordinados.

Vuelve a pensar en tu legado. Cuando te hayas ido, la gente no recordará si tenías más, sino que recordarán cómo les trataste.

En 2018, el arquitecto visionario Kevin Cavenaugh dio una charla TEDx titulada *¿Cuánto es suficiente?* [87] En ella, señalaba que Milton Friedman ganó el Premio Nobel de Economía en 1976 por, entre otras cosas, defender la idea de que la avaricia es buena. Sin embargo, Kevin se preguntaba qué habría pasado si un líder con la perspectiva de Toba Beta («la avaricia es un poco más que suficiente») hubiera ganado el premio Nobel entonces y hubiéramos pasado los últimos cuarenta años construyendo una economía que valorara la innovación y la tecnología y también asegurara que creciéramos juntos con lo suficiente.

Cuarenta años después, somos testigos de los efectos de esta miopía. En nuestra búsqueda del crecimiento, los beneficios, la eficiencia y el «más», hemos sido ciegos (o simplemente hemos mirado hacia otro lado) a las repercusiones en las relaciones, la falta de equidad y la desigualdad. Mientras manteníamos atareados a los departamentos de marketing y los informes de beneficios cumplían con lo esperado, estábamos vendiendo a los consumidores (o, mejor dicho, a los seres humanos).

Kevin lo explica así: «Como promotor inmobiliario, uno de los objetivos del alquiler es sacar el máximo dinero posible de cada metro cuadrado. Yo llamo a estas propiedades 'edificios codiciosos'. Otro objetivo es garantizar una vivienda para todos. Esto significa crear edificios hermosos y asequibles que a los seres humanos les guste habitar y que sean suficientes para satisfacer sus necesidades. Este es el legado que quiero dejar» [88].

No es que a Kevin no le importe el dinero o la rentabilidad, todo lo contrario. Pero el enfoque a través del cual ve estas cosas está arraigado en lo suficiente, lo cual marca una profunda diferencia.

Tanto en la experiencia de Kevin como en la mía propia, si no tienes una conversación sobre lo suficiente, estás dejándote valor (¡incluso dinero!) sobre la mesa. Y he aquí la razón:

Las conversaciones sobre el más tienden a centrarse en las transacciones: cómo hacer más tratos, monetizar más interacciones y ganar más dinero. El plazo es corto: cuanto antes se gane dinero, más rápido se podrá cobrar. En este mundo, las personas son consumidores, meros medios para un fin monetizado. No hay una verdadera preocupación por su bienestar más allá de su capacidad de pago.

Por otro lado, las conversaciones sobre lo suficiente se centran en las relaciones: cómo cultivar amistades para toda la vida, construir empresas sostenibles y centradas en el ser humano y nutrir el planeta. El marco temporal es largo: se trata de un liderazgo para toda la vida y de legados perennes, con la humanidad en el centro.

Dirigir con el viejo guion y con la mentalidad del «más» es tratar las relaciones como algo transaccional. Monetizarlas puede acabar con ellas (en el mejor de los casos, les quita sentido).

Dirigir con suficiencia significa alimentar las relaciones por encima de todo lo demás: no por dinero, sino por su valor inherente y a menudo incalculable.

Las relaciones perduran y se mantienen; los tratos se hacen y se deja que acumulen polvo. ¿Por qué quieres que te recuerden?

LA ECONOMÍA DEL MÁS

Evaluar todos los efectos del capitalismo, el consumismo y el marketing de masas de hoy en día en el comportamiento humano daría para una serie de libros. Este libro no tiene esa tarea. Pero vamos a examinar brevemente el panorama económico y a identificar algunos hitos clave que nos guiarán hacia lo suficiente.

Remontándonos a un par de milenios atrás... ¿sabías que la raíz de la palabra economía no es la industria ni las ganancias trimestrales? Es la palabra griega *oikos*, que significa «casa» u «hogar». En griego, *oikonomia* (economía) significa «abundancia» [89].

Ahora, avancemos en la historia hasta llegar a antes de la década de 1980, cuando era habitual que las empresas compartieran sus beneficios con los trabajadores. Por aquel entonces, el empleado medio de una tienda o el trabajador de una fábrica podía esperar tener estabilidad laboral y unos ahorros para la jubilación. Por supuesto, había diferencias entre los países, las culturas y el tamaño de las empresas, pero en general en las economías desarrolladas esta estructura se mantuvo. Garantizar que todos los trabajadores tuvieran lo suficiente —para cuidar de su familia hoy y planificar el futuro— se consideraba un negocio inteligente y responsable.

Sin embargo, este modelo se ha desviado desde la década de los 80, la cual marcó el comienzo de una era de recortes de costes, externalización y automatización en nombre de una mayor eficiencia, productividad y resultados. El guion pasó de asegurar que todos los trabajadores tuvieran lo suficiente a mientras haya «suficientes» rendimientos trimestrales para los inversores y los analistas de mercado, ¿por qué habría de importar lo «suficiente» para los demás?

Los efectos de replantear el viejo guion de esta manera son asombrosos e inquietantes.

Desde los años 80, la participación en los beneficios de los trabajadores de base prácticamente ha desaparecido, sobre todo en las grandes empresas. Es paradójico que esta sea precisamente la época en la que comenzó la participación en los beneficios de los ejecutivos de las empresas[90]. La porción de trabajadores para los que se tenía en cuenta el bienestar integral se redujo a una fracción de lo que había sido. Y desde entonces, el mundo empresarial se ha subido al carro del más y no ha mirado atrás.

Avancemos de nuevo hasta hoy, en que 2153 multimillonarios poseen más riqueza que los 4600 millones de personas pobres que constituyen el 60 % de la población mundial. Los veintidós hombres más ricos del mundo tienen más riqueza que todas las mujeres de África[91]. La desigualdad mundial se ha disparado en la búsqueda del más.

Pero la desigualdad no es solo en términos de desarrollo global. Acecha en todos los países, ciudades, barrios y patios, con innumerables y preocupantes efectos secundarios.

Como vimos en el capítulo 4, la desigualdad genera desconfianza. Además, la desigualdad sistémica normaliza la mentalidad del más mientras hace invisibles a los que no tienen suficiente. Este desequilibrio aumenta hasta llegar a un punto de rotura. Muchos dirían que ese punto se está acercando ahora.

Para ser claros, no es que el capitalismo sea inherentemente defectuoso. El capitalismo es una herramienta poderosa y útil cuando se utiliza de forma responsable. Nuestro reto es que el sabor actual del capitalismo, tal y como se establece en el viejo guion, es tóxico: es adicto al más y alérgico a lo suficiente.

El viejo guion mantiene tus ojos pegados a las pantallas y tu cartera vacía. Te recuerda que tu trabajo es comprar más, consumir más, y que nunca serás suficiente. Sin embargo, espera un minuto, ¡¿quién escribió este guion?! ¿Es realmente lo que crees? ¿Le has preguntado a tu voz interior al respecto?

Durante muchos años yo también di por sentado el viejo guion. Fue lo que me enseñaron desde la escuela hasta en las clases de mercado de capitales en Harvard. Pero cuando intenté aplicarlo al mundo real, se me quedó corto. No podía conciliarlo con mis observaciones y mis experiencias, tanto en mi casa como en el resto del mundo.

Por supuesto, los capitalistas de riesgo siguen empeñados en maximizar los rendimientos financieros, los abogados siguen buscando estructuras fiscales eficientes y los venerables economistas están petrificados ante la perspectiva del «decrecimiento». Pero, respetuosamente, cada una de estas partes interesadas está argumentando con un guion hecho jirones y anticuado.

Al mismo tiempo, he visto de primera mano cómo entre 25 y 100 dólares son suficientes para poner en marcha una microempresa en algunas partes de la India (y en otras economías emergentes); cómo un coche es suficiente para la movilidad de varias personas cuando se comparte eficazmente el vehículo, y cómo un barrio tiene recursos más que suficientes cuando los vecinos abren sus armarios y alacenas. Conceptos como la «economía del donut» (*Doughnut Economics*) llevan estas ideas más allá, ya que aportan una visión práctica de la sostenibilidad a largo plazo y a escala de toda la sociedad[92].

La economía del más no cuadra y, sin embargo, gran parte de la sociedad actual está encadenada a sus expectativas y al viejo guion. Sin embargo, si aplicamos el *oikos* y escribimos un nuevo guion, podemos ver la verdadera abundancia y cosechar los beneficios de lo suficiente.

LA PSICOLOGÍA DEL MÁS

Daniel Pink, autor del éxito de ventas *La sorprendente verdad sobre lo que nos motiva*, ha tenido un asiento de primera fila en las investigaciones y experimentos de la psicología del más, y lo que descubrió fue revelador[93]. La mayoría de las personas están motivadas por la autonomía, el dominio y el propósito. Les gusta autodirigirse, mejorar y hacer lo correcto, y se sienten motivados cuando disponen más de todo eso. La mayoría de las personas no están motivadas por tener más dinero. Pagar lo suficiente es importante, pero más allá de eso su efecto es insignificante.

Sin embargo, pensemos en cómo estructuramos los paquetes de compensación y desarrollamos las métricas. Presumimos de ganar más dinero, pero rara vez celebramos la autodirección o la satisfacción no monetaria por encima del salario.

Y no es solo el salario, también somos adictos al éxito. Como viste en el capítulo 1, la ansiedad nos hace correr más rápido y, cuanto más asumimos, más difícil es soltarlo. Nos aferramos al más: más estatus, más riqueza, más seguridad. Irónicamente, cuanto más éxito se nos ve, más nos preocupamos por ser «suficientes». Sin embargo, este objetivo no se puede cumplir. Y eso podemos agradecérselo a la «cinta hedónica de correr»[94]. Cuando estoy en la cinta de correr hedónica (me gusta imaginar que está situada junto a la rueda del hámster), la satisfacción que obtengo del éxito desaparece rápidamente, como el efecto de una droga. Para mantener el ritmo y evitar caer en el sentimiento de «no es suficiente», debo correr hacia la siguiente recompensa. Puede que incluso sacrifique mi propio bienestar con un exceso de trabajo para mantener viva la sensación de éxito.

Como dice el inversor y autor Morgan Housel: «Lo suficiente es darse cuenta de que lo contrario —un apetito insaciable de más— te llevará al punto de arrepentirte» [95]. Piensa en la última vez que te sentiste realmente orgulloso de un logro, ¿cuánto duró ese sentimiento?

Lo más extraño (hasta que te sientas a pensar en ello) es que incluso las personas con mucho éxito sienten envidia de aquellas que consideran más exitosas. ¿Por qué? Porque ven el «más» en comparación con otros de su grupo de referencia, ya sean millonarios, profesores o padres que se quedan en casa [96]. En otras palabras, la búsqueda del más es inútil porque nunca llegarás a tu destino, ya que el marcador de los kilómetros sigue cambiando, cambiando, y cambiando.

Hasta que caes enfermo o estás en tu lecho de muerte te encuentras atrapado por unas esposas de oro. En ese momento te das cuenta de que perseguir cada vez más no es el objetivo de la vida, ni le da sentido. Externamente, tu vida parece plena, pero internamente tu espíritu se siente quebrado. Te preguntas: ¿qué sentido tiene?

Cuando el mundo está al revés, en cierto modo es más fácil hacerse esta pregunta. Al hacerlo, te diriges directamente hacia una mentalidad Flux. Conocer tu suficiente supone tener claridad interior. Con este superpoder, eres capaz de acallar el ruido que se burla de ti por no ser suficiente y abrazar el hecho de que sí «lo eres».

> ### Métricas y valores
>
> Las métricas miden lo que valoramos. Cómo gastamos nuestro tiempo es cómo gastamos nuestro amor.
>
> - ¿A quién admiras más: a alguien que dedica su tiempo a llegar a la cima o a alguien que ayuda a otros a alcanzar sus sueños? ¿Cómo pasas tu tiempo?
> - ¿Qué métrica prefieres: la que mide cómo alguien gasta su tiempo o la de cómo gasta su dinero?
> - ¿Qué valoras y cómo se refleja eso en tus valores?

DE MÁS A SUFICIENTE

A medida que el viejo guion va perdiendo hojas y tú haces un balance de la realidad actual, tu nuevo guion comienza a emerger para reconocer que:

- Hay una gran diferencia entre «demasiado» y «poco».
- Tu suficiencia depende de si tu visión del mundo es de abundancia o de escasez.
- Nuestro sistema actual está diseñado para mantener a la gente con ganas de más, incluso cuando anhela ser aceptada como suficiente.
- La sociedad actual hace peligrosas sustituciones de lo suficiente. Cuanto más intentes comprar tu camino hacia el amor o la satisfacción, más solo e insuficiente te sentirás.
- La desigualdad y la seguridad básica (ingresos, alimentación, vivienda, salud) son catalizadores de lo suficiente.
- El demasiado amor, la demasiada compasión o la demasiada humanidad no existen como tal.

Cuando te abres a una mentalidad Flux, eres capaz de abrazar este guion. Cuando el mundo está del revés y el mañana es una incógnita, si sabes lo suficiente estás preparado para fluir.

Ahora vamos a explorar algunas formas fáciles de entender cómo empezar a hacerlo. ¡Ya es suficiente!

Restar antes de sumar

Una mentalidad orientada hacia el más tiene una increíble propensión a trepar. No se trata de simplemente anhelar más éxito, sino de que empezamos a creer que toda nuestra vida mejorará con la adición. Un nuevo amigo, un nuevo coche, un nuevo papel, una nueva casa, un nuevo vestido, un nuevo juguete, un nuevo viaje, un nuevo conocimiento: todas estas cosas deberían mejorar nuestra vida, hacerla más satisfactoria, ¿verdad?

Pues estamos muy equivocados.

Nuevas ideas, una nueva relación o un nuevo corte de pelo pueden, sin duda, levantarte el ánimo e incluso cambiarte la vida. Pero la adición de cada una de ellas también se suma a tu lista de tareas pendientes y aumenta las exigencias de tu tiempo limitado.

¿Y si en lugar de sumar para alcanzar tu «más», restaras para encontrar tu «suficiente»?

Las formas de restar son casi infinitas. Empieza con algo pequeño. He aquí algunas de mis favoritas:

- Desinscribirse de un boletín de noticias.
- Eliminar una aplicación de tu teléfono.
- Terminar suavemente con una relación negativa.
- Rechazar con gracia una invitación.
- Cancelar una suscripción.

- Dejar de sentirte culpable por una obligación.
- Quedarte cada semana con un día de trabajo libre de reuniones.
- Vender la bicicleta estática (o el electrodoméstico de tu elección) que no has usado en una década.
- Donar una prenda de ropa que no te hayas puesto en años.
- Retirar una afición, club o grupo que ya no te inspire.
- Apagar la televisión. Eliminar el ruido de fondo.
- Vaciar tu taza en lugar de llenarla.
- Deshacerte de la mentalidad que te frena.
- Cuando estés cansado, descansa.

Restar no solo simplifica nuestras vidas. También crea tiempo, espacio y recursos para centrarte en lo que realmente importa… lo cual aumenta tus posibilidades de realización y éxito.

Dar

La generosidad es el espíritu de dar libremente. Ser generoso significa conocer la alegría de dar a los demás. La auténtica generosidad no es contable: no busca nada a cambio.

En el viejo guion, la gente que persigue el «más» ve la generosidad como «menos». Si mi objetivo es tener más que otra persona, ¿por qué iba a regalar yo algo? Pero en un mundo en flujo, como hemos visto, este viejo guion salta por los aires. Con la mentalidad Flux y su nuevo guion, la generosidad es un superpoder facilitador.

Como demostró Adam Grant en su crucial libro *Dar y recibir*, las personas con más éxito son las más generosas y también saben cuándo y cómo pedir ayuda [97]. Los líderes generosos entienden que tener el mayor impacto en el mundo supone dar lo máximo de sí mismos, no adquirir lo máximo para ellos. Para ser más, hay que dar más.

Yoga y resta

En la filosofía del yoga, *brahmacharya* es el principio de no exceso[98]. Históricamente, practicar *brahmacharya* incluía abstenerse de tener relaciones sexuales. (El pensamiento era: los individuos deben conservar su energía sexual y usarla para avanzar en su camino yóguico). Sin embargo, esa condición no duró mucho en la modernidad, y hoy *brahmacharya* significa vivir con moderación.

Cuando eliminas todo lo que no te representa de modo auténtico y todo lo que te impide experimentar la verdad sobre quién eres, eres capaz de llevar más de tu verdadero yo a la vida. Al restar lo que no eres, te conviertes en todo lo que eres.

Un *potlatch* es una fiesta, practicada por los pueblos de las Naciones Originarias de Canadá y otras tribus indígenas de Norteamérica, que consiste en regalar. La palabra *potlatch* procede de la jerga chinook y significa «regalar» u «obsequiar»[99]. En esta fiesta, los líderes regalan su riqueza, pues esta se expresa dándosela a otros miembros de la comunidad. No se trata de donaciones simbólicas ni de regalar miles de dólares y quedarse con millones, sino de regalar los recursos propios que les mantienen vivos.

El sistema del *potlatch* impide que una sola familia acumule riqueza, fortalece las relaciones y la armonía social en el proceso. Sin embargo, hay que verlo con más profundidad; es decir, desde la perspectiva del *potlatch*, cuanto más se da más vulnerabilidad se expresa, y más poderoso y venerado se es.

Para cualquier persona que se rija por el antiguo guion, un *potlatch* puede parecer absurdo. Pero con una mentalidad Flux abierta y un nuevo guion, este sistema representa la sabiduría más allá de las palabras. Es una tradición antigua con un valor intemporal.

El *potlatch* nos obliga a replantearnos nuestra visión de la riqueza. La riqueza no es algo que posea un individuo, sino que se comparte con la comunidad.

El riesgo de disparar mal

En los últimos años, el movimiento de Independencia Financiera y Jubilación Anticipada (FIRE, por sus siglas en inglés) se ha puesto de moda [100]. En todo el mundo, la gente está aprendiendo a vivir de forma frugal, a ahorrar de forma tenaz y a escapar de la rueda del hámster (incluidos trabajos no siempre estimulantes) [101].

Por un lado, el FIRE podría verse como el colmo de los colmos: una especie de reacción alérgica al más. Por otro lado, sin embargo, el FIRE ha recibido cada vez más críticas por lo que pasa por alto: el sentido y la motivación [102]. La jubilación anticipada no te dará un propósito a tu vida si no lo tenías antes; de hecho, puede exacerbar tus sentimientos de insuficiencia (por no hablar de cómo la falta de medios de vida puede perturbar en tiempos de grandes cambios).

En la medida en que el FIRE puede ayudar a las personas a replantearse lo suficiente y a ampliar sus opciones de forma consciente, puede ser transformador. Pero hay que tener cuidado con el riesgo de fallar, pues sin sentido ni motivación, tus mejores intenciones de FIRE podrían esfumarse.

El valor de aquello que un líder recoge no se pierde, simplemente se distribuye. En última instancia, ese valor se devuelve muchas veces.

En tiempos de grandes cambios, cuando el mundo está en transformación, nos necesitamos más que nunca. Precisamos apoyo, sabiduría, orientación, presencia y, a veces, un hombro sobre el que llorar. En definitiva, necesitamos la generosidad de los demás.

Conocer tu suficiente significa que sabes que, cuanto más das, mejor haces la vida de los demás. Cuanto mejor sea la vida de los demás, estos más podrán contribuir al mundo. Cuanto más puedan contribuir al mundo, más mejorará tu vida... y el ciclo continuará.

¿Cuál es tu *potlatch* personal?

Conoce tu felicidad a partir de lo que te hace estar contento

Las culturas antiguas e indígenas casi nunca utilizan el término *felicidad* cuando describen lo que significa estar bien. En su lugar, utilizan diversas formas de la palabra *contento*. ¿Por qué?

Empieza por pensar en qué te hace feliz. Tal vez sea ver a un ser querido, el buen tiempo o las buenas noticias. Lo más probable es que se deba a algún factor ajeno a ti: una circunstancia externa, una persona o un acontecimiento. Piensa ahora en lo que te hace estar contento. (Si equiparas felicidad y contento puede ser la primera señal para que descubras más). El contento proviene totalmente del interior.

En otras palabras, alcanzar la «felicidad» siempre estará fuera de tu control; además, esta será efímera, pues justo cuando la alcanzas, te la quitan. (¿Se te ocurre algún momento, lugar o situación en la que la felicidad haya permanecido para siempre? Mi impresión es que no). Así que empiezas a buscarla de nuevo y la historia se repite. Esto no significa que no debas esforzarte para ser feliz… pero ten cuidado con los límites de la felicidad.

Estar contento, en cambio, está totalmente en tus manos. Además, puede ser permanente si entiendes de dónde viene y cómo aprovechar este estado.

La palabra *contento* viene del latín *contentus*, que significa «mantener unido» o «contener». Se utilizaba originalmente para describir los recipientes y, más tarde, también a las personas. Si una persona está contenta, se siente completa y contenida dentro de sí misma. En otras palabras, estar contento es un estado de «plenitud incondicional», independientemente de lo que ocurra en el exterior [103].

Fíjate en las coincidencias entre contento y suficiente. Ambas tienen sus raíces en la satisfacción y la suficiencia internas. (Vuelve a echar un vistazo a la palabra griega para suficiente, *enenkeîn*, al principio de este capítulo). Conocer tu suficiencia te acerca un paso más a la satisfacción. No necesitas ser más y no deseas ser menos.

La cultura butanesa tiene una palabra especial para esta mentalidad: *chokkshay*, que se traduce como «el conocimiento de lo suficiente». En Bután, *chokkshay* se considera el mayor logro del bienestar humano: «Básicamente significa que aquí y ahora todo es perfecto tal y como es, independientemente de lo que se experimente en el exterior» [104].

La suficiencia, el contento y el *chokkshay* forman parte del nuevo guion. Están diseñados para un mundo en cambio. Cuando llega el cambio, la suficiencia y estar contento te sirven de base. Te proporcionan estabilidad y orientación esencial. Son más fáciles de alcanzar y mantener que la búsqueda de la felicidad o del más. La suficiencia y el contento los determinas tú, y nadie puede alterarlos si no eres tú. De hecho, reflejan la esencia de lo que te hace fluir perfectamente como tú mismo.

Quítate las capas de superhéroe

El viejo guion enseña a la gente (tanto consciente como inconscientemente) a sustituir la seguridad emocional por posesiones materiales. ¿No te sientes lo suficientemente querido? Cómprate un jersey nuevo. ¿No tienes suficiente confianza en ti mismo? Hazte la cirugía plástica. ¿No te sientes lo bastante importante? Conduce un coche de lujo. No importa que cada una de estas cosas pueda endeudarte. Son capas, o parches, para cualquier parte de ti que se sienta insuficiente. Estas capas del guion antiguo no se limitan a tu aspecto o a tus posesiones. También se extienden a la forma en que te presentas en el mundo.

La primera vez que oí hablar de las «capas de superhéroe» fue en la destacada charla TEDx de Glennon Doyle, *Lessons from the Mental Hospital* (Lecciones desde un sanatorio mental) [105]. No hablaba tanto de coches o de operaciones de nariz como de la incomodidad y el desorden universales del ser humano, y de cómo muchas personas se envuelven en capas de superhéroe que no reflejan realmente su verdadero yo. Nos hacemos pasar por alguien que no somos. Afirmamos ser «más» de lo que sentimos por dentro. Sin embargo, estas capas de superhéroes no nos liberan para lograr hazañas sobrehumanas. Al contrario, pueden enterrarnos, cubrirnos y mantener oculto nuestro verdadero yo (y nuestras voces interiores). Yo también he pasado gran parte de mi vida con una capa.

Las capas de los superhéroes permiten la pretensión de perfección.

El perfeccionismo es la incapacidad de dejar de lado las expectativas. También es el enemigo de lo suficiente (concretamente, de lo suficientemente bueno).

Cuando realmente te das cuenta de esto, eres capaz de soltar tu capa, dejar tu perfeccionismo en la puerta y abrazar lo suficiente. Y aquí está la sorpresa más asombrosa: al hacerlo, también descubres un sitio agradable, el que se encuentra en algún lugar entre tus mayores esfuerzos y la perfección. Si realmente has dado lo mejor de ti en algo, pero te preocupa que aún no sea perfecto, no pasa nada. Eso es humano. Es brillante. Sácalo al mundo y deja que otros humanos te ayuden a mejorarlo. Juntos, esto es más que suficiente.

CONOCER TU SUFICIENTE Y QUE ERES SUFICIENTE

Quien sabe que lo suficiente es suficiente
siempre tendrá suficiente.

Lao-Tsé

A fin de cuentas, conocer tu suficiente significa también saber que eres suficiente tal y como eres, aquí y ahora. (No es una errata. Tanto tú como lo que tú eres son importantes). Con una mentalidad Flux se entiende esto intuitivamente. No te definen tus compras, ni estás atrapado persiguiendo siempre más. Tu valor viene de tu interior.

Saber lo que es suficiente es mucho más fácil cuando puedes aprovechar otros superpoderes Flux, en particular cuando ves lo que es invisible (capítulo 2) y empiezas con la confianza (capítulo 4). Juntos, estos superpoderes revelan un mundo de abundancia, no de escasez, y muestran tu mentalidad Flux en acción.

Conocer tu suficiente hace que al navegar por el cambio, la incertidumbre y el futuro sean mucho más fáciles. Cuanto antes y más joven sepas tú (y tus hijos) que eres suficiente —¡y sabes que lo eres!— mejor. Ayudar a los demás a identificar y comprender lo que les basta te acerca a ti, y a ellos, a un mundo sostenible, humano y preparado para el flujo.

Ojalá hubiera sabido todo esto cuando tenía siete años.

REFLEXIONES: **CONOCER TU «SUFICIENTE»**

1. ¿Es mejor tener más? ¿Por qué? ¿Por qué no?
2. Cuando haces un regalo a otra persona, ¿es una pérdida o una ganancia para ti?
3. ¿Cómo defines hoy el término *suficiente*? ¿Lo defines de forma diferente para ti que para otras personas? ¿Por qué o por qué no?
4. ¿Cómo defines tu autoestima? ¿Qué parámetros utilizas?
5. Piensa en alguien que ejemplifique «lo suficiente». ¿Qué te hace pensar esto?

6

CREAR TU PORTAFOLIO
PROFESIONAL

No quieres ser el mejor en lo que haces,
quieres ser el único.

Jerry García

Desde que me gradué en el instituto hace casi treinta años, cada cuatro años más o menos, algo cambia en mí: mudo la piel casi como un reloj; me siento inquieta y necesito subir de nivel; estoy lista para echar nuevas raíces o cambiar de dirección. A veces se trata de un cambio importante como dejar el ejercicio de la abogacía, o abandonar la escuela de posgrado para hacer de guía en viajes de senderismo. Otras veces es más sutil. En cualquier caso, es el momento de reorientar mi brújula y escribir un nuevo capítulo en el libro de mi vida.

Al principio, cuando tenía veinte años, la gente me criticaba por ello. Decían que mi currículum no tenía sentido y presagiaban que en el futuro me estrellaría. Por mi parte, sentía que algo iba mal en mí porque me interesaban muchas cosas y no me decidía por una sola. ¿Cómo podía elegir un solo campo de interés, si veía que todos los demás estaban preocupados por ascender en el escalafón de sus empresas y en mantenerse en su campo de especialización?

Si bien la ampliación de la carrera profesional ya no parece tan extraña, todavía hoy carecemos en gran medida del lenguaje y la infraestructura necesarios para desarrollar este tipo de carreras. A nivel mundial, las políticas y expectativas laborales siguen arraigadas en unidades de trabajo que llamamos «puestos». La expectativa implícita —y, a menudo, el objetivo— es que trabajes para otra persona, durante mucho tiempo, y que no te desvíes de ese camino (al menos, no por voluntad propia). Es cierto que hay muchas formas de trabajar y hacer carrera, pero la gran mayoría sigue girando de una forma u otra en torno a estas directrices.

Sin embargo, ese viejo guion está cediendo, y esas expectativas son cada vez más incoherentes con la realidad... cada día más.

En los últimos años, he dado conferencias sobre el futuro del trabajo. He hablado del incremento de los trabajadores independientes y de los autónomos, del crecimiento del trabajo a distancia y de los nómadas digitales, de los efectos de la automatización y de las implicaciones de todo ello en la educación y en las políticas públicas. La pandemia del coronavirus dejó claro que el futuro del trabajo es ahora. En dos trimestres se han superado las previsiones de diez años acerca del trabajo a distancia y del «trabajo desde cualquier lugar». Mientras tanto, un desempleo sin precedentes dejó a millones de trabajadores preguntándose qué iba a pasar, las escuelas y las universidades se abren paso con dificultad, y no se ve un camino claro para seguir adelante.

Los profesionales se preguntan: ¿qué significa todo esto para mi carrera? A su vez los padres se preguntan: ¿qué significa todo esto para mis hijos? Y también los líderes de las organizaciones se preguntan: ¿qué significa todo esto para nuestro equipo, la estrategia, la cultura y el futuro de la organización?

Mi corazonada es que tú también puedes hacerte estas preguntas. El viejo guion ya se estaba desmoronando, pero en muchos aspectos era fácil de enmascarar. Hasta que la pandemia lo incendió y, de repente, nos dimos cuenta de lo anticuado que estaba. Ahora cada uno de nosotros —tú, yo, y el talento en general— debemos escribir un nuevo guion para nuestras carreras, medios de vida y propósitos profesionales. Es posible que el tuyo ya esté en fase de borrador y, con una mentalidad de cambio, puedes darle la atención que merece.

EL SUPERPODER: **CREAR TU PORTAFOLIO PROFESIONAL O TU CARTERA DE CARRERAS**

Para alcanzar el éxito y la satisfacción en un mundo en constante cambio, considera tu profesión como un portafolio de carreras que hay que cuidar en lugar de un camino que hay que seguir.

El empresario Robin Chase lo resume bien: «Mi padre tuvo una carrera toda su vida. Yo tendré seis carreras a lo largo de mi vida. Y mis hijos tendrán seis carreras en cualquier momento».

Alex Cole pasó diez años en el mundo del espectáculo, diez en el marketing y otros diez años en la consultoría antes de lanzar finalmente su última empresa a sus cincuenta años: un estudio de yoga, del que es copropietario con su mujer y su hija. El estudio ha celebrado recientemente su décima fiesta de aniversario, por lo que ya está pensando en qué será lo siguiente.

Diane Mulcahy piensa en sus temporadas como si fueran verbos. Es una experta en finanzas, estratega, conferenciante y autora que conjuga de forma diferente cada trimestre. Esto también le permite repartir el año entre Estados Unidos y Europa porque tiene doble nacionalidad.

Binta Brown dejó una exitosa carrera jurídica asesorando a empresas de la lista *Fortune 100* para lanzar su propia firma de representación de artistas musicales, mientras toca el saxofón y produce documentales.

Mari Nakama es gestora de proyectos y formadora en una empresa de investigación científica. También es instructora de *fitness*, diseña su propia ropa y dirige un estudio de cerámica con su pareja. Cada función la nutre de una manera diferente.

Como profesor de conservación marina, Enric Sala se vio a sí mismo «escribiendo el obituario de la vida oceánica». Así que dejó el mundo académico y se dedicó a la conservación a tiempo completo, dirigiendo equipos de investigación y trabajando con los gobiernos para crear las primeras áreas marinas protegidas.

Cada una de estas personas tiene un portafolio de carreras [106]. Sus carreras no han sido líneas rectas, sino una serie de giros, vueltas, rodeos y saltos, a veces porque lo necesitaban o porque les empujaron a ello, y a menudo porque querían hacerlo. Han sentido que había más cosas que hacer, aprender, construir y probar en la vida, y han estado a la altura de las circunstancias.

El nuevo guion profesional no consiste en seguir un camino singular. Una mentalidad de cambio sabe que la carrera del futuro se parece más a una cartera: una identidad profesional diversificada, con raíces resilientes y personalizada para ti.

En la práctica, una cartera de carreras suele conducir a:

- Diversificar las fuentes de ingresos, que en realidad pueden proporcionar más seguridad que un empleo tradicional.

- La propiedad de tu carrera, pues a diferencia de un trabajo que te da otra persona, una cartera no te la pueden quitar.
- Una comunidad profesional amplificada.
- Con el tiempo, más sentido y flexibilidad en lo que haces.
- Una identidad profesional única que evoluciona y prospera en un mundo en constante cambio.
- Hacerte inautomatizable (o a prueba de automatización).

Crear una cartera de carreras no significa carecer de ambición o no tener un «trabajo real». En realidad, la cartera de carreras se está convirtiendo silenciosa, pero rápidamente, en la característica más solicitada de todas.

Ahora veo que con veinte años lo que me interesaba era una cartera de carreras, pero tenía pocas opciones para expresarlo. Por suerte, eso ya no es así.

Hoy en día, esto va mucho más allá de las preferencias individuales. Cuando el viejo guion de los puestos de trabajo, del empleo y de las trayectorias profesionales se desintegra ante tus ojos, y el futuro del trabajo en sí mismo está en constante cambio, la cartera de carreras te ofrece resiliencia y una estrategia proactiva para prosperar en tu carrera, en lugar de ser sacudido por los vientos del cambio.

¿QUÉ ES EXACTAMENTE UNA CARTERA?

Cuando pensamos en una cartera o portafolio, la mayoría suele pensar en finanzas, negocios o arte:

- **Los inversores** utilizan el método de la cartera para diversificar el riesgo. Los asesores financieros tradicionales recomiendan una cartera que incluya acciones, bonos y efectivo.

- **Los inversores de capital** riesgo construyen carteras de inversiones en función de su nivel de riesgo.

- **Los ejecutivos** suelen utilizar la teoría de la cartera (iniciada por la matriz de cartera de productos BCG desarrollada en los años 70) para analizar sus unidades de negocio, su estrategia y su previsión[107]. El propósito de su cartera es gestionar el riesgo y la rentabilidad en el futuro.

- **Los directores de oficina y los responsables de recursos humanos** utilizan las carteras para mantenerse organizados.

- Y, por supuesto, un **artista** muestra dentro de su portafolio las obras de las que está realmente orgulloso: el lienzo de su vida.

Un portafolio de carreras se inspira en estos diferentes usos. Los portafolios pueden ser secuenciales (un rol o vocación a la vez) o simultáneos (múltiples roles y actividades a la vez). Los portafolios de carrera suelen crear nichos profesionales y estilos de vida más completos, personalizados, modernos, adaptables y personalmente gratificantes de lo que cualquier rol individual podría hacer.

El término *portafolio* viene del italiano *portare* («llevar») y *foglio* («hoja de papel»). En otras palabras, es donde llevas tus papeles más importantes, lo que contiene el libro de tu vida.

En mi caso, cada uno de mis roles profesionales es el equivalente a una hoja de papel, un boceto o una inversión. Mi cartera incluye conferenciante, futurista, asesora, abogada, guía de senderismo, ejecutiva de desarrollo global, inversora, practicante de yoga... y pronto, autora de libros. La mayor parte de mis páginas duran ahora más de cuatro años, aunque mi nivel de avance continúa sin cesar.

Es importante que el portafolio de uno no se limite solo a las funciones profesionales, sino que describa capacidades que habitualmente se dejan fuera del currículum y que, sin embargo, te hacen ser tú mismo. Por ejemplo, en mi cartera se incluye mi situación como huérfana, trotamundos, insaciable haciendo el pino[108] y defensora de la salud mental.

Del mismo modo, quienes tienen carteras son inteligentes y tienen recursos para desarrollar sus habilidades. Cuando era guía de senderismo y ciclismo, algunas personas me criticaban por no tomarme en serio mi carrera. Lo que no veían era que como guía no solo trabajaba dieciocho horas al día —era la primera en levantarme y la última en acostarme—, sino que cada día aprendía a gestionar proyectos, a tener en cuenta las diferencias, a mantener presupuestos, a crear equipos, a garantizar la seguridad, a crear serendipias, a forjar amistades para toda la vida y a asegurarme de que todo el mundo se divirtiera. Hacer de guía fue un pequeño MBA práctico que habría sido difícil replicar en un aula tradicional.

Además, crear tu portafolio no consiste estrictamente de «ser tu propio jefe». En última instancia, la creación de un portafolio te capacita para ello, pero este debe también incluir todos los papeles que has tenido, incluidos los trabajos con un jefe, los que odiabas y aquellos en los que seguías el viejo guion. (Mi cartera también incluye estas cosas. Los trabajos que odiaba me enseñaron mucho). Un portafolio es un contenedor en el que se pueden mezclar todas tus habilidades y capacidades, donde quiera y como quiera que las hayas aprendido.

Varios años después de que algunas personas criticaran mi currículo tan «poco convencional», esa misma gente volvió a aparecer en mi radar. Todavía recuerdo el día, y la conversación no pudo ser más diferente. Me dijeron: «Ahora vemos lo que estás haciendo. Pensándolo bien, ¿cómo podemos hacerlo nosotros también?».

DEL CAMINO A LA CARTERA

Durante la mayor parte del siglo xx, el modelo de carrera profesional se parecía a una escalera, a una escalera mecánica o quizás a una flecha. El viejo guion estaba firmemente establecido y el mensaje era claro: había que progresar subiendo por la escalera, peldaño a peldaño, de modo que cada ascenso te llevara a dar un paso más hacia tu objetivo final en la cima. Era como lanzar una flecha proyectada a lo lejos y en dirección recta, mientras la escalera mecánica seguía avanzando. Si todo iba bien, tu futuro podría estar predeterminado, idealmente cerca de la diana de los objetivos establecidos por la familia, la sociedad y otras métricas externas.

Para que esta escalera funcionara, era necesario que un gran número de personas creyeran que podían ascender por ella con éxito. Así que desarrollamos una visión lineal de la progresión profesional, que era más o menos así:

- Estudiar mucho y sacar buenas notas.
- Ir a la universidad o a la escuela de formación profesional para especializarse en una disciplina u oficio que nos facilitara un empleo.
- Conseguir un trabajo.
- Hacer bien ese trabajo, durante mucho tiempo.

- Conseguir ascensos.
- Retirarse.

Esta forma lineal de pensar funcionó bien durante mucho tiempo porque había suficientes empleos y mucha oferta laboral. La mayoría de los trabajadores iban a la misma oficina o lugar de trabajo a la misma hora todos los días. Seguían el guion de mantenerse en el camino y evitar los desvíos. Así que la mayoría de las personas se desviaban de su trayectoria profesional solo de forma inesperada y los cambios de carrera se consideraban generalmente como contratiempos desafortunados. Los currículos con desvíos extraños eran un lastre. La escalera corporativa se mantenía firme con sus promesas de una gran oficina, un título elegante y prestigio al llegar a la cima.

A lo largo de este camino recto, los individuos se definían por lo que «hacían», así que la autoestima se veía influida por el peldaño de la escalera que ocupabas. Una vez que conseguías un trabajo y empezabas a ascender, tú —como muchos otros— no te parabas a pensar qué podía pasar si la escalera se movía o se rompía, o si algún día ya no querías estar en ella. Sin embargo, en los últimos años, esta escalera tiembla y el viejo guion se hace añicos. Piensa en estas cifras anteriores a la pandemia:

- Desde 2008, el 94 % de la creación neta de nuevos puestos de trabajo en Estados Unidos no ha sido de empleos fijos [109].
- El 43 % de los recién graduados universitarios tienen trabajos que no requieren un título universitario. Casi dos tercios de ellos siguen subempleados después de cinco años [110].

- Los trabajadores independientes y los *freelance* —es decir, las personas que alternan más de un empleo o afiliación profesional— están creciendo tres veces más rápido que el resto de la población activa. En 2017, el 47 % de los *millennials* ya eran trabajadores independientes[111]. En 2019, el 35 % de toda la población activa estadounidense (incluido el 53 % de la Generación Z) lo era[112]. Para 2027, se espera que estos superen en número a los empleados fijos. Hay que tener en cuenta que entre los independientes se encuentran tanto los CXO (directores de experiencias) de la Ivy League, que quieren más flexibilidad, como los trabajadores menos cualificados que se esfuerzan por llegar a fin de mes.

- El 77 % de los *freelance* a tiempo completo afirman tener un mejor equilibrio entre su vida laboral y personal que en un trabajo tradicional[113]. El 86 % de los *freelance* (y el 90 % de los nuevos) creen que los mejores días del trabajo autónomo están por llegar[114].

- Es más difícil llegar a la cima. Y cada vez hay más gente que se da cuenta de que no es en la cima donde quiere estar.

Aunque muchas de estas estadísticas son de Estados Unidos, las tendencias que representan son globales. Las tasas de crecimiento de los autónomos son algo menores en muchos países, pero la trayectoria de crecimiento general es similar.

Estos cambios están impulsados por el golpe de triple efecto de la acción empresarial, el despertar individual y la innovación tecnológica, donde operan tanto la dinámica de empuje como la de atracción:

- Las empresas se ven obligadas a reducir costes y aumentar los beneficios y la eficiencia. Los empleados a tiempo completo son, por término medio, más caros y menos flexibles que los trabajadores independientes.

- Los individuos están despertando a la realidad de que el sistema corporativo actual está diseñado fundamentalmente para el beneficio financiero por encima del crecimiento personal. Ya sea por el exceso de trabajo, el trabajismo, los «trabajos de mierda» [115] o simplemente por sentirse infravalorados, los trabajadores están hartos. Quieren pasar cada hora de su tiempo de forma significativa y que valga la pena. Además, el aumento de la longevidad humana significa que el talento puede (y a menudo quiere o necesita) trabajar más tiempo que antes.

- La tecnología es un cohete impulsor que facilita la búsqueda de talentos, la obtención de ingresos, la creación de marcas... y la automatización de puestos de trabajo.

A todo ello podemos añadir el acelerante de la pandemia, que puso estos cambios a la velocidad de la luz [116]. Junto con el desempleo sin precedentes, las empresas están presionando para automatizar más rápido —entre otras cosas porque las máquinas no se enferman ni protestan— sin analizar del todo las implicaciones humanas de hacerlo. Como dice la estratega del futuro del trabajo, Heather McGowan: «Llegaremos —adonde sea—con menos gente: menos obreros, menos profesionales de cuello blanco, menos recién licenciados, menos empleados...».

Pero espera:

- Si los puestos de trabajo de hoy desaparecen mañana, ¿cómo se puede evitar un ciclo perpetuo de desempleo?

- Si te has definido por tu identidad profesional, ¿cómo evitar una crisis identitaria precipitada por una carrera en cambio, o simplemente por la pérdida del trabajo?
- Si tus hijos te piden consejo sobre qué deben estudiar o cómo deben «conseguir un trabajo», después de leer este capítulo hasta ahora, ¿qué les dices?

Para todas estas preguntas, un portafolio de carreras es parte de la respuesta. Es tu superpoder —y sí, el de tus hijos— para prosperar profesionalmente hoy, mañana y durante todo el futuro del trabajo.

REDEFINIR TU IDENTIDAD PROFESIONAL PARA UN MUNDO EN CAMBIO

Durante siglos, la identidad profesional de una persona —como comerciante, agricultor, enfermero, soldado, monje o erudito— determinaba toda su vida. Nuestro guion encarnaba nuestra vocación, hasta el punto en que muchos apellidos son ocupaciones: Molinero, Herrero, Carpintero, Pastor...

En los últimos tiempos hemos asistido a una evolución de las personas con forma de I (con gran experiencia en un tema) a las personas con forma de T (que tienen una exposición y una experiencia amplias y profundas), a las personas con forma de Pi (π)» (que conocen en profundidad más de un área) e incluso a las personas con forma de X (con amplitud, profundidad, diversidad y capacidad para extenderse a nuevos ámbitos)[117]. Un mundo en flujo es un mundo para personas con forma de π y X. Es posible que ya sientas este cambio, o que ya seas un pensador π, aunque no sepas que existe un nombre para ello. Ten por seguro que no estás solo. Se trata de un cambio increíblemente poderoso.

El futuro del trabajo es fluido, no fijo. Tu futuro profesional es igualmente fluido, no es un camino predeterminado. Ya no estás atado al viejo guion que te dio (o te quitó) alguien. Ha llegado el momento de un nuevo guion y con un portafolio profesional único y a medida.

CONSTRUYE TU CARTERA

Cuando los puestos de trabajo, el empleo, el desarrollo profesional y el propio futuro laboral están en constante cambio, un portafolio de carreras ofrece un camino con más probabilidades para prosperar. Pero ¿cómo se escribe ese nuevo guion? y ¿cómo es una identidad que se adecúe a este futuro?

El desarrollo de un portafolio profesional implica dos fases: su creación y su cuidado. Veamos cada una de ellas por separado.

Paso 1: ¿Qué tienes ya en tu portafolio?

Lo primero es lo primero: te des cuenta o no, ya tienes un portafolio de carreras, aunque no hayas sido necesariamente estratégico al planearla. Este ejercicio te ayudará a empezar. Lleva tiempo, pero merece la pena. Saca un papel (o abre un documento de Google en blanco) y anota en él lo siguiente:

- Todas las funciones que has tenido, remuneradas o no.
- Cada habilidad que tengas que sirva de ayuda a los demás.
- Todos los temas de los que sabes cómodamente más que los demás.
- Tus superpoderes, según tú.

- Tus superpoderes, según los demás (¡sorprendentemente estamos ciegos a algunos de nuestros propios superpoderes!)
- Cualquier nueva habilidad que hayas aprendido en los últimos seis meses.
- Cualquier capacidad o actividad que aparezca en tu currículo o perfil de LinkedIn que te guste de verdad, haya sido o no parte de un «trabajo».
- Cualquier capacidad, habilidad o experiencia que no figure en tu currículum y que te haya ayudado a llegar adonde estás hoy.

Guarda esta lista, consúltala con la almohada y mañana sigue completándola. Expláyate. ¿Has enumerado todas las habilidades, incluso aquellas por las que no cobraste nunca? ¿Has anotado todos los temas, incluidos los que van más allá de lo que el viejo guion llamaría tu «dominio de experiencia»?

A algunas personas les gusta pensar en su portafolio como en una caja bento, donde tienen un sitio para cada habilidad. Otros la ven como un parque infantil multijuegos o una celosía, en lugar de una escalera. A mí me gusta pensar en ella como una flor, a la que cada pocos años le surge un nuevo pétalo cuando adquiero una nueva habilidad o me abro hacia un espacio nuevo o adyacente en el que puedo utilizar mis habilidades (más adelante se habla de ello). Con el tiempo, la flor de mi carrera se hace más grande, más colorida, más interesante y más valiosa. En todas estas iteraciones, busco lo que me hace ser yo, y así sigo evolucionando.

Paso 2: Ser el único

Una vez hayas reunido lo que hoy tienes en tu portafolio, comienza la verdadera diversión. Los siguientes pasos son en parte *ikigai* personal, en parte *jiu-jitsu* profesional y, en parte, gestión responsable del riesgo. También se trata de que te prepares para la automatización de los próximos años. Estás trazando tu propio paisaje y horizonte profesional.

Ikigai es un concepto japonés que significa «razón de ser» y se traduce como el propósito o sentido vital, o lo que hace que la vida de uno valga la pena[118]. Es la razón por la que saltas de la cama cada mañana, y también tu vocación más profunda. Tu *ikigai* eres exclusivamente tú.

Este concepto suele representarse como la intersección de cuatro círculos:

- En qué eres bueno
- Lo que te gusta
- Lo que el mundo necesita
- Lo que se puede pagar

Aquí es donde tu portafolio puede brillar. No hay dos personas que tengan el mismo *ikigai* porque no hay dos personas iguales. Alguien con un portafolio profesional hace el esfuerzo de averiguar lo que el mundo realmente necesita, lo relaciona con una serie de habilidades que posee y disfruta, y lo integra en un modelo de negocio que le permite una adaptación continua. No se trata de llegar a «la cima» de una escalera, al final de un camino o a un salario específico. El objetivo es la realización continua y la dicha de contribuir al mundo.

Volvamos a Jerry García: «No seas el mejor. Sé el único». ¿En qué eres único? La clave de este ser «único» es que no se trata de una sola habilidad, sino de tu singular combinación de habilidades, capacidades, intereses y sueños. Ese es tu nuevo y único guion.

Portafolio de carreras vs. economía bajo demanda

Un portafolio de carreras no es economía bajo demanda, aunque los servicios que se prestan en esta pueden ser parte de un portafolio.

La economía bajo demanda generalmente nos sugiere plataformas para ingresos complementarios que ofrecen trabajos que compiten a la baja para conseguir servicios a corto plazo (como Instacart, Grubhub o Fiverr). Pero esto es diferente a un enfoque de cartera.

Con un portafolio de carreras, elaboras intencionalmente un currículo lleno de habilidades y capacidades que evoluciona y crece en el tiempo. Aunque en un momento dado tu cartera puede incluir trabajos que, por sí solos, pueden calificarse como parte de la economía bajo demanda. Lo que importa es que has seleccionado deliberadamente esas habilidades, servicios y oportunidades como parte de una carrera flexible y con futuro.

Por ejemplo, tú puedes ser abogado, te gusta la historia y la cocina, y das largos paseos en bicicleta los fines de semana. Hay abogados más hábiles, historiadores más expertos, cocineros más aventureros y ciclistas más rápidos que tú. Pero ¿hay alguien mejor que tú para asesorar a empresas que organizan viajes en bicicleta especializados en la comida, el vino y la historia en todo el mundo? Probablemente no. O bien puedes ser un experto en finanzas al que le gusta la física, la fotografía y cuidar de tus padres ancianos. O bien eres un ingeniero al que le gustan las orquídeas, ayudar a los jóvenes a aprender a programar y los perros de montaña de Berna (cuanto más específico seas, mejor. No es que tengas garantizado encontrar una pareja perfecta, pero hace que tu modo «único» sea más fácil de definir).

La pasión no es obligatoria, pero sí muy recomendable

A menudo surgen debates en torno al papel de la pasión. Algunas personas dudan de poder ganar dinero haciendo lo que les gusta. Otros no quieren hacerlo, porque monetizar una fuente de alegría —convertir una pasión en una profesión— puede cambiar su relación con esa alegría. En la «economía de la pasión» algo que te gusta hacer puede convertirse en algo que tienes que hacer.

Dicho esto, saber lo que realmente te apasiona vale su peso en oro. Como queda claro en cualquier momento de desafío, tener una pasión facilita la superación de cualquier cosa, y la eliminación de esa pasión puede ser brutal.

Si no tienes una pasión, no te preocupes. Presta atención a lo que despierta tu curiosidad y síguelo. Continúa siguiéndolo. Fíjate en lo que surge. Sigue las chispas.

Si tienes una pasión, aliméntala. Compártela con los demás. Y nunca la desprecies.

La cuestión es que tu *ikigai* es único y puede desarrollarse de múltiples maneras, cada una de ellas es emocionante por sus propias razones. Una carrera profesional no consiste en hacer una cosa durante muchos años, chocar contra un muro y preguntarse qué hacer después. Un portafolio de carreras contiene multitud de posibilidades, combinaciones y oportunidades.

Paso 3: Polinización cruzada

Con un portafolio de carreras rara vez te quedas en un mismo carril, porque actúas como un polinizador cruzado. Tomas una habilidad o experiencia útil y la transformas en oportunidades en otros lugares, a menudo en un escenario inesperado. Interpretas los problemas, funciones, equipos e industrias, y utilizas la orientación de tu brújula para descubrir nuevas ideas. En el proceso, creas un nuevo valor, ayudas a otros a subir de nivel y les inspiras a escribir también sus propios guiones.

El viejo guion dice: consigue un trabajo y haz lo que otros te digan.

El nuevo guion dice: crea un portafolio de roles y haz cosas que nadie haya soñado.

El viejo guion dice: si vas a la facultad de Derecho, entonces sé un abogado.

El nuevo guion dice: el título de abogado es uno de los grados más maleables y poderosos que existen. Invita a la creatividad. Haz más con ella.

En mi caso, muchos de mis colegas actuales no se dan cuenta de que tengo formación de abogada. Algunos se muestran incrédulos cuando lo descubren: «¡Pero si no te pareces nada al típico abogado!». Desde el principio conseguí ignorar el gran potencial de una formación jurídica, así que, aunque hace décadas que no ejerzo la abogacía, sigo recurriendo a este conjunto de habilidades casi a diario. Esta ha sido una de mis fuentes más eficaces de polinización cruzada.

Recuerda a Robin Chase. Es probable que tengas seis o más carreras, quizás incluso al mismo tiempo. Haz una polinización cruzada dentro de tu portafolio también.

Cada vez que haces una polinización cruzada, recoges y sintetizas nuevos conocimientos en el camino. Al mismo tiempo, perfeccionas tu brújula y refuerzas tus raíces. Cuando se hace bien, es una espiral ascendente y se mejora todo lo que se toca en el camino. Aportas nuevos conocimientos a sectores aislados que los necesitan urgentemente. Ayudas a los demás a ver no solo el bosque y los árboles, sino también lo que hay más allá del bosque. Les recuerdas que el camino hacia adelante no se encuentra en los árboles, sino entre ellos: el espacio que está justo delante de nosotros, pero que con demasiada frecuencia pasamos por alto.

Para que la polinización cruzada sea eficaz, es esencial entender el viejo guion y redirigir de forma productiva la resistencia a tener un portafolio. La mayoría de las veces, el origen de la resistencia es el miedo, la falta de conciencia o ambos. Las personas que trabajan con el viejo guion y están mentalizadas suelen confundirse acerca de los portafolios de carreras porque asumen que cada movimiento significa empezar de cero. Su actitud es la de quien piensa «¡¿Por qué demonios vas a hacer eso?!».

Mientras tanto, cualquiera que esté abierto a una mentalidad Flux y esté escribiendo su nuevo guion ve los portafolios de cartera como una evolución: cada movimiento es una mejora, una adición, una expansión y una aventura que se alinea con su ser en evolución. Su actitud es un entusiasta «¡Vamos a empezar!».

Paso 4: Redefinir tu identidad

Cuando ya hayas abrazado tu portafolio, estarás listo para dar este paso. Adoptar un portafolio significa trascender cualquier identidad, historia o relato sobre uno mismo.

Con una mentalidad Flux y este portafolio, ya no te defines por lo que haces. No te define un título, un salario específico o una gran oficina, tampoco una profesión. Aunque tengas muchas habilidades, ninguna te define.

Más bien aprovecha todas tus capacidades y reimagina continuamente cómo pueden combinarse y ofrecerse de nuevas maneras, de forma que creen nuevo valor y te abran otras puertas.

Tu portafolio refleja tus raíces. Es tu nuevo guion, tu base para el futuro y una identidad en constante evolución que se adapta a ti.

Paso 5: Cuidar para siempre

Una vez que tu portafolio esté lo suficientemente consolidado, puedes pasar a la modalidad de cura o cuidado. Esta es tu carrera continua y perenne: es el guion que, mientras respires y pienses, seguirás escribiendo. Dependiendo de si la perspectiva de la cartera de inversores, ejecutivos, gestores o artistas es la que más te gusta, este cuidado puede adoptar diferentes formas:

- Como inversor: reequilibra tu cartera.
- Como ejecutivo: moderniza tu cartera.
- Como gestor: organiza y actualiza tu cartera.
- Como artista: actualiza y amplía tu cartera.

El punto esencial de los cuidados del portafolio es que, siempre que te ocupes de él de forma proactiva, deberá reflejar tu crecimiento. En un mundo en constante cambio —y en el futuro del trabajo—, una carrera con un cuidado portafolio ofrece una combinación inigualable de flexibilidad, estabilidad, longevidad y significado.

La evolución del «¿Qué haces?»

«¿A qué te dedicas?» suele ser la primera pregunta que hace la gente cuando conoce a alguien nuevo (está prácticamente integrado dentro del viejo guion). Les preguntamos a los niños qué les gustaría ser cuando sean mayores. Por supuesto, preguntamos por los objetivos, los valores, las pasiones y los sueños... y estas son intenciones loables. Pero en un mundo en transformación, ¿tiene esto sentido? Porque si un robot hace que mi trabajo sea obsoleto, haciendo desaparecer mi identidad profesional de un plumazo, entonces ¿qué «hago»?

«¿A qué te dedicas?» es una pregunta equivocada. Es preferible preguntar qué te motiva e inspira. Sin embargo, lo mejor es hacer preguntas que te permitan conocer mejor el guion único de una persona, lo que la hace ser quien es, a pesar de los cambios que pueda sufrir el mundo.

Afortunadamente, hay muchas vías para indagarlo. He aquí algunas de mis favoritas. ¿Qué otras añadirías tú?

- ¿Qué te ha traído hoy aquí?
- ¿Quién te ha inspirado más en la vida?
- ¿Por qué estás más agradecido?
- ¿De qué estás más orgulloso?
- ¿Quién es el mejor profesor que has tenido?
- ¿A qué seis personas, vivas o muertas, invitarías a una cena íntima?
- ¿Cómo describirías tu brújula interior?
- ¿Cuál es tu *ikigai* o razón de ser?
- ¿Qué pregunta te gustaría que te hiciera más gente?

El PORTAFOLIO DE CARRERAS Y EL FUTURO DE LA EDUCACIÓN: BIENVENIDOS AL APRENDIZAJE PERMANENTE

Las universidades siguen haciendo la promesa de «ayudar a los graduados a conseguir un trabajo». Sin embargo, como hemos visto, el 43 % de sus recién graduados tienen trabajos que no requieren un título universitario, y casi dos tercios siguen subempleados después de cinco años. ¿Qué clase de promesa es esa?

Los centros de servicios profesionales siguen centrándose en gran medida en atraer a los empleadores al campus. Sin embargo, como hemos visto, más de la mitad de los *millennials* son trabajadores independientes (en lugar de asalariados), y es probable que más que nunca antes haya más adultos jóvenes que son su propio jefe. ¿Por qué los asesores de los servicios de carrera siguen tan centrados en el viejo guion?

En general, las instituciones educativas de hoy en día parecen no haber recibido ningún informe sobre el futuro del trabajo o, si lo hicieron, no lo han leído a fondo. Es cierto que muchas universidades y escuelas de negocios ofrecen cursos sobre emprendimiento, pero no se ajustan a la realidad de la trayectoria profesional de muchos estudiantes. No ofrecen servicios específicos para ayudarles a ser sus propios jefes, y aún no han aprovechado el (super)poder de los portafolios de carreras.

Si eres un adulto joven o tienes hijos, esto es una bandera roja para el futuro de la educación y una razón más para que tomes este capítulo en serio. Los portafolios de carreras son para todas las edades, y cuanto antes podamos abrir una mentalidad Flux para crearlas, mejor para todos: estudiantes, graduados, familias, lugares de trabajo y la sociedad en su conjunto.

Portafolios sin fronteras

La creación de una carrera profesional no se limita a lo que se hace o a cómo se hace, también importa dónde puede prosperar tu carrera.

En los últimos años, varios países se han replanteado cómo fomentar entornos que acojan a quienes tienen portafolios de carrera profesionales. En 2014, Estonia (Estado miembro de la Unión Europea) puso en marcha la e-Residencia, una identidad digital legal que te permite hacer negocios a nivel mundial como si fueras estonio, independientemente del lugar en el que estés realmente establecido. Aunque no se trata de un pasaporte ni de un visado, la tasa de crecimiento de esta residencia digital de Estonia supera su tasa de natalidad. Soy residente digital desde 2015 y el programa funciona extraordinariamente bien [119].

Además de Estonia, también otros países (en el último recuento, más de dos docenas) de Europa, América Latina, el Caribe, Asia y África han abierto recientemente visados para nómadas digitales (DNV). Los DNV permiten a los extranjeros vivir y trabajar en el país hasta doce meses (y en algunos casos, dos años). Antes solo había dos opciones: residir como turista hasta noventa días o solicitar la residencia permanente.

Los visados de turista creaban una especie de camisa de fuerza —había que cruzar la frontera cada noventa días, lo que creaba muchos inconvenientes, así como una zona gris para las administraciones—, mientras que la residencia permanente era el objetivo de solo una pequeña fracción de los visitantes.

Los DNV hacen que sea muy fácil ir lejos de donde vives, basta con hacer un portafolio de carreras global, adaptarlo y ampliarlo sobre la marcha.

Si hoy tienes veinte años, hay pocas razones para que no hayas colgado ya tu placa profesional en Internet. Esto representa la primera pieza de tu portafolio. (Más aún si tienes treinta años, lo mismo que si tienes cincuenta. Y si tienes un hijo de veinte años, considera esta una llamada a la acción conjunta). Este es el quid de la cuestión: nunca ha sido más fácil, más barato ni ha tenido más sentido común crear tu propio negocio. Con ello no estás renunciando a tu vida profesional; simplemente estás aprendiendo el manual básico de la tecnología, la marca y la perspicacia empresarial. Tanto si se trata de servicios de guardería, camisetas personalizadas, conocimientos de la Generación Z, o cualquier cosa que te guste compartir con otras personas, la experiencia de colgar tu propia placa profesional te enseñará más que casi cualquier curso formal. ¡Aprende haciéndolo de verdad! Además, la experiencia te abrirá otras puertas. Se convertirá en parte de tu cartera, y siempre podrás mejorarla, reinventarla o combinarla con otros páginas más adelante.

Los portafolios de carreras transforman no solo la forma de pensar en la carrera, sino también la forma de hacerlo en el aprendizaje y el crecimiento. Como dice Heather McGowan, «el futuro del trabajo es el aprendizaje y el futuro del aprendizaje es el trabajo» y «el aprendizaje es la nueva pensión. Es la forma de crear tu valor futuro cada día» [120]. Las carteras profesionales están alineadas con ambas. En un mundo y un lugar de trabajo en constante cambio, nunca dejarás de aprender. Nunca.

Mientras que la pregunta clásica del antiguo guion es «¿A qué te dedicas?», la cuestión por excelencia de tu nuevo guion es «¿Qué estás aprendiendo?».

Se acabaron los días en los que la gente estudiaba una profesión y se dedicaba a ella de por vida. Incluso si te quedas en el mismo sector, dado el ritmo de cambio, es muy probable que se transforme en una generación. Cualquiera que crea que es inmune a estos cambios se enfrentará al despertar más desagradable de todos.

Con un portafolio de carreras estarás despierto a un futuro de trabajo en cambio y verás cómo esa combinación única de habilidades —tu portafolio— mitiga los riesgos de obsolescencia profesional y te permite ampliar tu alcance. Ya seas generalista o especialista, sabrás cuál es la carrera más adecuada en cada situación. Podrás ver que una cartera de carreras es un catalizador natural del aprendizaje permanente y viceversa. A medida que vas identificando nuevas incorporaciones a tu cartera, también irás afianzando tu *ikigai*.

¿A qué esperas?

TRABAJAR JUNTOS: LOS GREMIOS DEL SIGLO XXI

La creación de una carrera profesional con cartera no consiste solo en lo que haces o en cómo lo haces, también importa con quién lo haces.

Los profesionales de cartera tienen colegas, socios y compañeros de profesión, al igual que las personas con una trayectoria profesional lineal. Pero, gracias a las nuevas tecnologías, hay más opciones que nunca para conocer gente nueva y colaborar. Los gremios del siglo XXI son una de las opciones más útiles.

El concepto de gremio no es nuevo. Los gremios se remontan a siglos atrás y han servido durante mucho tiempo para reunir a las personas que se dedican a un mismo oficio, para mantener una alta calidad y transmitir las habilidades y prácticas del oficio a otros. Los herreros, los carpinteros, los zapateros y los contables eran algunas de las muchas profesiones que tenían gremios. Aunque estas asociaciones pasaron a un segundo plano (y a veces fueron debilitadas activamente) a medida que la industrialización, las corporaciones y el trabajo independiente adquirían mayor importancia, nunca desaparecieron y ahora están volviendo a aparecer.

Los gremios modernos tienen muchos propósitos, desde la formación profesional (en términos actuales) hasta el desarrollo empresarial, la creación de redes y la ayuda mutua [121]. Los gremios ayudan a sus miembros a aprender y a desarrollar su experiencia en la profesión, así como a crear redes, colaborar y obtener otros tipos de conocimientos más allá del gremio. También sirven como indicador informal de reputación y confianza: una especie de orientación colectiva. Por ejemplo, Enspiral es un gremio formado por más de 150 personas de todo el mundo que han creado juntos múltiples empresas, han escrito un manual de código abierto sobre sus prácticas de colaboración y utilizan la cofinanciación participativa para seguir apoyando a los miembros de Enspiral [122].

A medida que las carreras múltiples y los acuerdos de trabajo más diversos arraigan en el siglo XXI, los gremios son un vehículo para acelerar los aprendizajes, la comunidad profesional y la responsabilidad. Son aptos para fluir.

ERES MUCHO MÁS QUE LA DESCRIPCIÓN DE TU EMPLEO ACTUAL

En 2012, el término *Generación Flux* se utilizó para describir el tipo de persona que sobresale en un lugar de trabajo fluido y caótico [123]. Hoy en día, prosperar como un GenFluxer significa tener también una cartera profesional.

En el fondo, un portafolio profesional refleja cómo te ves a ti mismo y lo que haces en el mundo. Es tu guion. El cambio desde una trayectoria profesional convencional a una cartera profesional única y en constante evolución refuerza tus raíces y aumenta tu capacidad de recuperación. Con una cartera, tu desarrollo profesional ya no es un ejercicio de ansiedad y de gestión del cambio, remediado por un curso aquí o glorificado por un ascenso allá, pero constantemente en riesgo de perderse o ser secuestrado por fuerzas que te superan. Por el contrario, tu carrera profesional refleja tu Flux Mindset en el trabajo.

Las carteras de carrera siguen enfrentándose a retos, principalmente por parte de personas y políticas públicas atascadas en el viejo guion. Pero estas están cambiando poco a poco (y en ocasiones, mucho), y el hecho es que las carteras se alinean con el futuro. Ya hoy, todos los trabajos son temporales, lo admitamos o no. El futuro —incluido el del empleo— favorecerá a quienes sepan pensar más allá del puesto de trabajo, crear carteras y saber fluir.

REFLEXIONES: **CREAR TU PORTAFOLIO PROFESIONAL**

1. ¿Cuál sería tu identidad profesional si perdieras tu trabajo hoy?
2. ¿Cómo describirías tu mayor aspiración profesional? ¿Podrías dibujarla?
3. ¿Qué es lo primero que preguntas cuando conoces a alguien nuevo (aparte de su nombre)?
4. ¿La idea de cambiar de papel cada pocos años te entusiasma o te asusta? ¿Por qué?
5. Si pudieras ser cualquier cosa, ¿qué serías?

7

SER MÁS HUMANO
(Y SERVIR A OTRAS PERSONAS)

Encuentra lo humano en todo lo que haces.

Ailish Campbell, embajador de Canadá
ante la Unión Europea

Alexa, de Amazon, es más que un asistente virtual dotado de inteligencia artificial, es un nuevo miembro de la familia. En China, se han establecido carriles peatonales específicos para usuarios de teléfonos móviles, junto con un nuevo término para describir el fenómeno: «la sociedad de la cabeza abajo» [124]. En 2019, los adolescentes pasaron una media de seis horas y cuarenta minutos al día en las pantallas de sus móviles, tabletas y televisores. Suponiendo que duerman, eso es más del 40 % de sus horas de vigilia [125]. Hay que tener en cuenta, por supuesto, que estas estadísticas eran de antes de que el cambio al trabajo desde casa, el aprendizaje a distancia y las clases en línea hicieran volar el tiempo de pantalla por las nubes.

Sin embargo, no es solo el tiempo de pantalla. La automatización también avanza a un ritmo vertiginoso. Desde el comercio electrónico y los vehículos sin conductor hasta el reconocimiento de textos y el diagnóstico de enfermedades, cada vez es más frecuente que una amplia gama de actividades y conocimientos, que antes requerían un trabajo intensivo o muchos pasos, se puedan realizar ahora de forma rápida, eficiente y casi a cualquier hora gracias a la tecnología automatizada. No es que la automatización en sí sea nueva, pero el ritmo con el que se está arraigando —sin consenso en torno a las mejores prácticas o normas éticas— es impresionante. Una vez más, esto ya estaba en marcha antes de que la pandemia acelerara la carrera hacia la automatización y dejara de lado estas preocupaciones. El razonamiento es el siguiente: si una máquina no puede enfermar, protestar o tener problemas para pagar sus facturas, ¿cuáles podrían ser los inconvenientes?

Sin embargo, no se trata solo del tiempo de pantalla y la automatización. Seguimos viendo a diario cómo la tecnología puede conectarnos... y dividirnos. Los estudios demuestran que un mayor tiempo de pantalla se correlaciona con mayores niveles de depresión entre los adultos [126]. El 60 % de los jóvenes ha sido testigo de acoso en línea, y la mayoría no interviene [127]. Utilizamos la tecnología tanto para aprender como para escapar; para unirnos y para alejarnos; para compartir nuestros sentimientos y para enmascararlos; para superarnos y para compararnos, a menudo con resultados debilitantes, con todo el mundo.

Los seres humanos pasan cada vez más tiempo con la tecnología y menos con otros seres humanos. Somos interdependientes: nos enfrentamos a retos sin fronteras, desde el cambio climático hasta la intolerancia, pero carecemos fundamentalmente de soluciones sin fronteras. Al mismo tiempo que podemos conectarnos con más personas y aprender más cosas que nunca antes en la historia de la humanidad —con un simple clic, deslizamiento o toque de un botón— también estamos más divididos y desconectados unos de otros, y a menudo de nosotros mismos. Juntos estamos solos.

EL SUPERPODER: **SER MÁS HUMANO (Y SERVIR A OTRAS PERSONAS)**

En un mundo con más robots, la clave para prosperar es ser aún más humano y utilizar tu humanidad para ayudar a los demás.

La tecnología se ha ido introduciendo poco a poco en casi todos los aspectos de nuestra vida, de forma tan evidente como casi invisible. A menudo, las nuevas tecnologías son útiles porque facilitan y aceleran las cosas, o consiguen que se hagan más baratas. Pero junto a su eficacia hay un mensaje más sutil y problemático: que la propia tecnología es la respuesta. Es la salvadora de la humanidad. Un algoritmo que sabe más que tú.

Los efectos de esta narrativa se extienden poco a poco a los seres humanos, que se ven privados de su confianza (la tecnología lo hace mejor), de sus sentimientos (la tecnología los adormece con gusto) y de su capacidad de acción (sigue haciendo clic, ese es tu único trabajo). A menudo, sin darnos cuenta, resulta molesto imaginar «quién soy» sin mis dispositivos a mano.

Este mensaje se superpone a un guion aún más antiguo que nos recuerda que debemos ser duros. Ya sea ganando a tus competidores, no llorando cuando estás triste, liderando con ego o esforzándote por cumplir las expectativas establecidas por los demás, el viejo guion requiere que presentes al mundo una versión limpia de ti mismo. Muéstrate como los demás desean que seas, no como eres auténticamente. Y gana a toda costa.

Sin embargo, ¿qué es lo que hace realmente este mensaje?

Poco a poco, sustituye la verdad de otro por la propia. Estamos enfrentando a humanos contra humanos, desconectando de nosotros mismos y de los demás. Estamos cortando los hilos que forman el tejido de la humanidad y nos dirigimos a una madriguera de ansiedad, depresión y soledad.

Afortunadamente, esta no es la única manera de vivir, de relacionarse con la tecnología o de relacionarse con otras personas.

El mundo actual en flujo revela con creces las deficiencias de esta forma de pensar. Al abrirte a una mentalidad Flux eres capaz de ver, más allá de las trampas del viejo guion, una realidad en la que tú —y la sociedad en su conjunto— devuelves lo «humano» a la humanidad.

A medida que desarrollas este superpoder Flux, tu relación con la tecnología se restablece. No es que te conviertas en un ludita de la tecnología o que la odies. No se trata de eso. Más bien, aprovechas el poder positivo de las nuevas tecnologías actuales con la sabiduría interior de que ninguna de ellas es tan poderosa como la «tecnología» de una conciencia humana despierta.

Al practicar este superpoder, surge un nuevo guion contigo como autor final, que te invita a mostrarte plenamente, a permanecer en tu propia verdad y a liberar todo tu ser, y que celebra la vulnerabilidad como un signo de fuerza interior, no de debilidad. Este guion no busca el poder sobre los demás, sino que lo comparte con ellos, reconociendo la extraordinaria sabiduría de nuestra interdependencia.

Con una mentalidad Flux abierta y tu nuevo guion en marcha, eres capaz de reconectar con los demás y con tu voz interior, tomar decisiones más sabias, encontrar más fuentes de alegría y ecuanimidad de las que puedes imaginar ahora mismo, y acercarte cada vez más a tu pleno potencial.

¿Quién no querría eso?

*Ser tú mismo en un mundo que intenta
constantemente convertirte en otra cosa
es el mayor logro.*

RALPH WALDO EMERSON

LA HUMANIDAD Y EL CEREBRO

Despertar al cambio exige reconciliar la evolución de las relaciones entre los seres humanos y la tecnología con las implicaciones humanas de la tecnología. Requiere una brújula moral, basada en el hecho de que los humanos no son algoritmos. Requiere el superpoder de ser plenamente humano.

Como has visto, los mecanismos de respuesta humana se ven afectados por la tecnología y las emociones, entre ellas el miedo. El pensamiento tradicional está sintonizado con la forma y la certeza. Nuestro sistema límbico está cableado de tal manera que nos asusta lo que no conocemos, ya sea un detalle menor o una macrofuerza que escapa a nuestro control. Marti Spiegelman, científico formado en Harvard, diseñador gráfico formado en Yale, asesor de liderazgo, mentor y chamán iniciado, lo expresa muy bien: «Nuestro apego a lo conocido crea nuestro miedo a lo desconocido y, sin embargo, nuestro genio humano es comprometerse constantemente con lo desconocido en servicio de nuestra evolución creativa. Con nuestras reacciones de miedo fuera de control hoy en día, apartamos nuestro mayor recurso, y parece que hemos olvidado cómo ser plenamente humanos» [128].

Marti continúa explicando que el miedo se encuentra en la parte del cerebro donde se asienta el ego. En lugar de permitir

que el ego sea simplemente el hogar natural de nuestra personalidad, empezamos a creer que es responsable de nuestra supervivencia. Como resultado, cualquier cosa que amenace a
nuestro ego amenaza nuestra propia supervivencia [129] y aquí es
donde nos enredamos. Cuando dejas que tu conciencia se cen-
tre solo en tu ego, empiezas a creer que todo tiene que ver con
él y que tu ego es responsable de todo, incluso de tu supervivencia biológica. También acabas aislándote de los datos sensoriales entrantes en tiempo real, dejándote en la precaria po-
sición de tener acceso solo a la información pasada. En otras
palabras, te aíslas del ahora.

Esto se convierte rápidamente en una pendiente resbaladiza: cuando nos aislamos de los datos sensoriales entrantes, cor-
tamos nuestra capacidad de conocer a través de la experiencia
directa lo que realmente está sucediendo en el mundo que nos
rodea. De este modo, eliminamos nuestra capacidad de saber
qué es lo que ha desencadenado el circuito del miedo. Cuanto
más ignoremos, más miedo tendremos y más nos aislaremos
del conocimiento [130].

En última instancia, tú —y nosotros— nos apartamos de la
esencia de ser plenamente humanos.

SERVICIO Y SUFRIMIENTO

En general, en la sociedad actual no se nos enseña a sufrir. Más
bien se nos dice que el objetivo es estar libre de dolor y sufrimiento. Si experimentas estas cosas, has fracasado de alguna
manera.

Esta es una de las muchas maneras en que el viejo y el nuevo guion chocan frontalmente. El viejo guion dice: sé duro;
aunque estés en el pozo de la desesperación, no lo muestres;

esconde tus sentimientos. Pero, cuando los sentimientos están enterrados, es imposible que los demás nos puedan ayudar.

En cambio, el nuevo guion dice: sé real; muéstrate plenamente; deja que los demás sepan cómo te pueden ayudar; pregunta a los demás cómo puedes ayudarles también. Esto es servir y la forma en que nos mostramos unos a otros.

Ser plenamente humano no significa estar libre de sufrimiento, sino ser del todo consciente de tus sentidos y de tu humanidad: estar totalmente presente y ser tú mismo sin avergonzarte. Esto incluye sentirte cómodo con tu malestar (y en ocasiones hacerlo público) para aprovecharlo para un mayor crecimiento.

Ser plenamente humano es también mostrarse a favor de los demás. Cuando eres capaz de ayudar a los demás, pones en marcha la interdependencia. Cuando manifiestas un cambio de conciencia del «yo» al «nosotros», liberas tu capacidad individual y nuestro potencial colectivo y facilitas la respuesta consciente al cambio.

Hoy en día nos enfrentamos a oportunidades sin precedentes para poner en marcha este superpoder del flujo. Hay innumerables ejemplos a los que recurrir, y pocos son tan potentes como el dolor.

De un modo u otro, la pandemia de coronavirus hizo que todas las personas vivas hoy perdieran alguna parte del mundo tal y como lo conocían. Pero no solo eso: el punto de vista sobre lo que pensaban que sería el futuro también ha cambiado, y en muchos casos ha desaparecido por completo. Lo que era ya no existe, y lo que viene es una incógnita.

Individual y colectivamente, estamos de duelo por la pérdida de lo que fue y de lo que puede no ser mañana. Aunque nuestras pérdidas pueden parecer y sentirse de forma diferente —perder un trabajo o un sueño, un ser querido o una rutina diaria, un sentido de normalidad o expectativas— nadie queda indemne.

Y no se trata solo de los efectos de la pandemia o de una catástrofe natural, o de la pérdida de un trabajo o de un amor. Se trata de la realidad universal, sin tiempo, de la pérdida y de cómo la afrontamos. Se trata de si abrazamos el dolor o intentamos reprimirlo, de si nos asustamos por nuestros sentimientos o podemos acogerlos plenamente, incluso las personas negativas; de si intentamos cortocircuitar nuestro dolor o reconocemos que la única salida es a través de él.

Antes de la muerte de mis padres nunca había ido a un funeral. Su accidente ocurrió antes de que existieran Facebook y los móviles, por lo que no había ninguna expectativa de que hiciera el duelo públicamente (ni había plataformas en línea para compartir mi dolor). Hasta donde yo sabía, no había una forma correcta o incorrecta de hacer el duelo. Se trataba simplemente de comportarme como un ser humano, es decir, pasar por el miedo, la tristeza, la incertidumbre y el sufrimiento. Así que me mostré como era y me rompí abiertamente. Hasta el día de hoy, sigo asombrada de cómo otras personas —que no tenían ninguna obligación ni se esperaba que lo hicieran— también se mostraron sinceramente. Eran humanos y, como tales, me ayudaron a descubrir mi propia humanidad... y lo que significa realmente el «apoyo al duelo».

Hoy en día, hacer el duelo públicamente en Internet es algo habitual. Para muchas personas, las plataformas en línea son una herramienta esencial en su propio proceso de duelo (aunque a mí me sigue costando imaginarme que alguien «espere» que llore la muerte de mis padres en público). Compartir tu dolor puede ayudarte a sentirte menos solo y permite que otros te apoyen. Pero el mundo digital también tiene el riesgo de transmitir expectativas sobre cómo uno «debe» hacer el duelo en línea, lo que a su vez puede llevar a enterrar el dolor con la culpa, la preocupación o los sentimientos adormecidos. Diferenciar el apoyo genuino de cualquier muestra de lástima no sentida puede ser muy difícil, especialmente cuando pasas por momentos de honda tristeza.

Haz una pausa y piensa en tu propio enfoque del duelo, como persona y como líder. ¿Eres reacio a apoyar a otros en lo más profundo de su dolor? ¿Tu enfoque es más parecido a un «lo siento mucho» y «sé fuerte», o caminas con ellos a través del infierno de la tristeza y el sufrimiento? ¿Estás en sintonía con el dolor individual y colectivo? Ser plenamente humano significa mostrarse con emociones, empatía y ética, así como con integridad, intuición e imperfecciones. Servir a los demás significa mostrarse con la capacidad de celebrar las victorias y llorar las pérdidas, con los demás y por la vida; algo que la tecnología nunca tiene el corazón de hacer.

Cuando el «yo» se sustituye por el «nosotros»,
incluso la enfermedad se convierte en bienestar.

MALCOLM X

INCLUYE AL YIN EN TU YANG

El yin y el yang son símbolos universales de armonía. Su historia de origen proviene de la mitología china: el yin y el yang nacieron del caos cuando se creó el universo [131]. Cuando el yin y el yang están en equilibrio, un organismo, un sistema o el mundo entero pueden prosperar. Hay muchas variaciones sobre este tema de la armonía: luz y oscuridad, alegría y desesperación, paz y conflicto... por nombrar algunas.

El yin y el yang son fuerzas y energías complementarias. Te enraízan, te asientan y te dirigen de forma complementaria.

Cada persona tiene aspectos del yin y del yang. La energía yang se considera brillante, lineal, activa, aguda y precisa como un láser. Se asocia con la energía masculina. La energía yin, por el contrario, es suave, holística, circular y muy consciente de las múltiples relaciones en juego. Suele denominarse energía femenina. Esto no significa que todos los hombres sean yang y todas las mujeres sean yin, sino que cada uno de nosotros tiene ambas energías, en diferentes proporciones.

El yang tiene que ver con la dominación. El yin es la colaboración. En el yang la naturaleza es algo que la humanidad controla. En el yin la naturaleza es algo a lo que la humanidad sirve. Para prosperar, las energías yin y yang deben estar en equilibrio entre sí. Este principio es válido para los individuos, las organizaciones, los ecosistemas y la sociedad en su conjunto.

El viejo guion rezuma yang y ha dejado el yin fuera de la narrativa. Hoy en día, necesitamos urgentemente el yin de nuestro yang para recuperar esta armonía.

Parte de la razón por la que nos encontramos en tal desorden hoy en día es porque estamos sufriendo una sobredosis de yang [132]. Durante demasiado tiempo, el liderazgo oficial yang ha estado al mando sin el equilibrio del yin. Pensemos que en las empresas, solo el 7,4 % de los directores generales de *Fortune 500* son mujeres (en 2000, esa cifra era del 0,4 %) [133]. En política, la mayoría de países nunca ha tenido una mujer como jefa de Estado, y el porcentaje de mujeres líderes políticas hoy en día ronda un máximo histórico del 10 %. Solo cuatro países (menos del 2 %) tienen al menos un 50 % de mujeres en sus asambleas legislativas nacionales [134].

En cualquier escala, estas métricas están muy desequilibradas, el yang está dirigiendo el espectáculo. Sin embargo, de lo que no nos damos cuenta es que un mundo dirigido por el yang no puede alcanzar su pleno potencial sin el suficiente yin. Además, este desequilibrio inflige un gran daño a las personas, a las relaciones, al medio ambiente y al futuro.

El nuevo guion no es otra arenga para que haya más mujeres en puestos de liderazgo, igualdad salarial entre hombres y mujeres y políticas de permiso parental (aunque todo eso ayudaría). El nuevo guion es una llamada a la acción a un nivel más básico: darse cuenta de que cada persona —desde los líderes comunitarios hasta los directores generales, padres, profesores, gerentes, etc.— que no aborda su desequilibrio yin-yang se está vendiendo mal y contribuye a una sociedad menos equitativa, menos productiva y menos vibrante. Cuanto más persiste este desequilibrio, más se agrava.

Lo bueno es que el ser humano es completamente capaz de recalibrarse. Así pues, recuperar el equilibrio, es decir, darle yin al yang, está al alcance de nuestra mano.

Una de las preocupaciones más comunes que escucho es que los líderes yang sienten su poder amenazado. Cuando uno cree que el control y la dominación son el único camino a seguir, esto es comprensible y, en última instancia, destructivo. Pero, de nuevo, este es el caso solo si uno se adhiere al viejo guion.

Quien crea que el patriarcado (es decir, un sistema gobernado por los hombres y el yang) es lo contrario del matriarcado (un sistema gobernado por las mujeres y el yin) es que no entiende cómo funcionan estos sistemas. En un sistema patriarcal, las mujeres suelen estar excluidas debido a su cultura de inferioridad, jerarquía y poder exclusivo, todo lo cual coincide con el yang. Si un hombre cree que el matriarcado es el sistema opuesto, naturalmente le temerá porque señala su propia exclusión y pérdida de poder. En otras palabras, la perdición. Pero esta interpretación está totalmente equivocada. Los matriarcados no son simplemente lo opuesto al patriarcado. Mientras que este es jerárquico y exclusivo, el matriarcado es igualitario e inclusivo. Los matriarcados se basan en los valores yin: las relaciones y el cuidado de todos, mujeres y hombres por igual [135].

Cuando las mujeres entran en un sistema patriarcal, son excluidas. Pero cuando los hombres entran en un sistema matriarcal, son incluidos... porque los matriarcados reflejan una cultura de igualdad, poder compartido y yin. Los hombres no tienen por qué temer esto. En realidad, tanto las mujeres como los hombres tienen todas las razones para aceptarlo.

El nuevo guion lo entiende, y una mentalidad Flux —independientemente del género— lo acepta.

Cuando hombres y mujeres por igual hacen yin de su yang, todos pueden estar más equilibrados y ser más plenamente humanos.

El efecto Yin y el entorno VUCA

El acrónimo inglés VUCA significa volátil, incierto (*uncertain*), complejo y ambiguo. Un entorno VUCA es un mundo en flujo. Nuestra respuesta al flujo y a un contexto VUCA podría mejorar mucho si aprendiéramos a hacer yin con nuestro yang.

El término *VUCA* procede del ámbito militar y ha llegado rápidamente a las empresas. Tiene sentido en cuanto que ambos escenarios presentan ambientes competitivos y campos de batalla, dominios en los que la sobredosis de yang es especialmente intensa y donde el viejo guion está firmemente implantado.

Sin embargo, como hemos visto, gran parte del flujo con el que nos enfrentamos hoy es interno, personal e interpersonal.

Es una incertidumbre que ninguna estrategia de «aplastar al competidor» resolverá. Además, aplastar al competidor no es lo que la gente quiere. Muchas personas están hambrientas de conexión humana. Anhelamos la paz, tanto interna como entre los pueblos; deseamos decencia, dignidad y humanidad compartida.

¿Y si aplicamos el equilibrio yin-yang a la VUCA? ¿Y si sobreescribimos un nuevo guion en el sentido en que avanza flujo sobre los estudios tradicionales de la complejidad? Esto es lo que podríamos conseguir:

- Modelos de liderazgo más colectivos y colaborativos, en lugar de estructuras jerárquicas descendentes.
- Más líderes transformacionales cuyo objetivo sea elevar a los demás, en lugar de líderes transaccionales cuyo *modus operandi* es el castigo o la recompensa.
- Inclusividad operacionalizada.
- Pasar de buscar «poder sobre» a compartir «poder con» y dar «poder a» los demás. Incluso podríamos aprender que el poder no se obtiene acaparándolo, sino dándolo. (También vimos esto en el capítulo 4).

Como dice Nilima Bhat, experta en liderazgo y coautora de *Shakti Leadership: Embracing Feminine and Masculine Power in Business*, entenderíamos que «la única forma de ganar es ganar-ganar» [136].

El yin y el yang nos arraigan en nuestra plena humanidad, en igual medida. Ambos son esenciales para prosperar en el flujo.

ESTIMULA TU INTELIGENCIA DIGITAL (ID)

El acrónimo ID significa «inteligencia digital» [137]. Durante mucho tiempo, se asumió que el cociente intelectual (CI) era el mejor indicador del éxito en general. El CI es tu intelecto en bruto, según una serie de pruebas basadas en el razonamiento abstracto, las matemáticas, el vocabulario y el conocimiento común (suponiendo un origen de clase alta blanca, por desgracia). Algunos años más tarde surgió el concepto de *inteligencia emocional* (IE), que es la capacidad de comprender, preocuparse y establecer relaciones con las personas. La inteligencia emocional no mide los datos o las ecuaciones que se conocen, sino que mide si uno «sabe» conectar con otros seres humanos.

Rápidamente quedó claro que la Inteligencia Emocional es tan importante, si no más, que el Coeficiente Intelectual para determinar el éxito general en la vida. Tener relaciones importantes, sentirse amado y apoyado, y ser un defensor de la humanidad es más bien el resultado de tu coeficiente emocional, no necesariamente de tu CI (aunque ambos ayudan).

El guion de CI + IE funcionó bastante bien durante mucho tiempo, pero, en la sociedad digital actual, cada vez es más preocupante que la tecnología se imponga y comprometa potencialmente tanto nuestro CI (Internet puede proporcionar rápidamente respuestas que antes nos costaba resolver) como nuestra IE (nos desconecta de las relaciones importantes). Así pues, tenemos que actualizar este guion, de manera que la inteligencia digital (ID) forme parte del nuevo guion. Porque para triunfar de verdad en el siglo XXI —y en un mundo en constante cambio—, los seres humanos tienen que potenciar su Inteligencia Digital.

¿Tienes inteligencia digital?

El Instituto de Inteligencia Digital es una organización internacional dedicada a ayudar a mejorar la inteligencia digital (DQ) de las personas. Aunque gran parte del instituto se centra en los niños, mejorar el coeficiente DQ es esencial en todas las edades.

He aquí algunas preguntas iniciales para evaluar tu DQ actual:

¿Sabes cuánto tiempo pasas al día en Internet?

¿Sabes qué personas y organizaciones tienen acceso a tu información en línea (y a qué información)?

¿Gestionas activamente tu huella digital? Sabes cuáles son tus derechos de ciudadano digital?

¿Puedes identificar el ciberacoso? Si es así, ¿actúas para denunciarlo?

¿Crees que mantienes un equilibrio adecuado con la tecnología?

¿Qué ocurre con tus emociones y tu sensación general de bienestar cuando te desconectas de la tecnología? (¿Recuerdas la última vez que te desconectaste por completo durante más de un día?)

¿Sientes que eres capaz de mostrarse «plenamente humano» en Internet?

Más información en dqinstitute.org y dqtest.org.

Antes de que te apresures a concluir que tener una alta ID significa saber cómo codificar o construir aplicaciones, no te preocupes, no es así. La ID es un concepto global que incluye una serie de competencias para participar de forma responsable en el mundo digital[138]. La ID incluye habilidades relacionadas con la seguridad digital, la identidad digital, la alfabetización digital, los derechos digitales y las comunicaciones digitales. Tener una alta ID significa, por ejemplo, que sabes cuándo y cómo dejar tu dispositivo y tener una conversación cara a cara. Significa gestionar de forma responsable el tiempo que pasas frente a la pantalla, denunciar el ciberacoso y saber cuándo puedes estar en riesgo de sufrir un robo de identidad digital.

En el mundo actual, impulsado por la tecnología, es muy fácil creer que esta resolverá nuestros problemas. Fundamentalmente, tener una alta ID significa saber que la tecnología es solo un medio; nunca es una solución ni un fin en sí misma. La ID es una brújula centrada en el ser humano para el mundo digital. Es un pilar esencial de tu nuevo guion.

> *Recemos para que el progreso de la robótica*
> *y la inteligencia artificial esté siempre al servicio*
> *de la humanidad. Podríamos decir, que «sea humano».*

Papa Francisco

ESPERANZA Y CONCIENCIA

La profesora Brené Brown ha contribuido a romper los estereotipos y a deshacerse del estigma en torno a la vulnerabilidad tanto como cualquier ser humano actual. Nos recuerda que coraje (valor) viene de *cor*, la palabra latina para *corazón*. El significado original del coraje no se encuentra en los campos de batalla o en los mercados, más bien significa decir tu verdad desde el corazón [139]. El valor se encuentra en el interior y es algo que ningún robot o inteligencia artificial puede hacer.

Antes de que murieran mis padres, apenas era una alumna de la vulnerabilidad o la valentía. Rara vez pronunciaba esas palabras (y a decir verdad, dudo que hubiera sido capaz de definir «vulnerable»). Entonces, sus muertes en tándem me agrietaron de una manera que no sabía que era humanamente posible. La vulnerabilidad no era una opción, era la realidad. La valentía no era una opción, sino que era esencial para superar mis días.

No podría haber resuelto esto por mi cuenta, pero otros me mostraron el camino. Cuando me rompí, apareció una de mis profesoras favoritas, Judy Raggi-Moore, que no solo abrió su corazón a mi dolor, sino que me abrió toda su familia y su casa. Ella, su marido, Danny, su hija pequeña, Jessica, y su madre, Francesca, se convirtieron en mi nueva «familia de elección». Ahora tengo una segunda hermana y una tercera abuela. Judy y Danny no sustituyeron a mis padres, los complementaron y, en cierto modo, los ampliaron. Se aseguraron de que mis relaciones familiares preexistentes se mantuvieran mientras me ayudaban a recuperarme y a sanar. Se esperaba que celebrara las fiestas con ellos, como un miembro más de la familia y no como una rueda de repuesto. Se me permitió llorar en paz, mientras los pedazos que me habían arrancado volvían a unirse más fuertes. Judy y toda su familia me mostraron lo que significa abrazar plenamente la propia humanidad. Todos ellos se convirtieron en parte integrante de mi nuevo guion.

Lo que Judy hizo le salió del corazón. No lo pensó. Sintió la necesidad de ayudar y actuó. Y lo hizo por amor, no por miedo.

Muchos años después empecé a estudiar la conciencia, gracias a Marti Spiegelman, y lo que había experimentado antes, pero me había costado entender, se hizo evidente. Con una formación en neurofisiología, bellas artes y sabiduría indígena, Marti está ampliamente cualificada para ver las percepciones —y las desconexiones— entre cómo pensamos, sentimos, vemos y nos comportamos.

Según Marti, todas las personas tienen una sabiduría interior muy superior a la de cualquier ordenador. (No se refiere a la computación cuántica, sino a la sabiduría sobre la humanidad y la forma de vivir, que se ha ganado a pulso durante milenios y que es insustituible por los algoritmos). A medida que los seres humanos avanzamos hacia la era «moderna», empujados por el marketing de consumo masivo y distraídos por la «economía de la atención», esta sabiduría arduamente ganada se dejó de lado [140]. Nos olvidamos de ella mientras miramos embobados los anuncios que nos persuaden de que nuestro camino al éxito está pavimentado de *likes*, seguidores y cada vez más cosas.

Sin embargo, esto no es la verdadera conciencia. En los seres humanos, la conciencia real depende de nuestra capacidad de percibir — conocer el mundo a través de los sentidos— y de ser conscientes de cada detalle que se percibe [141]. Así que, si nuestra consciencia depende de nuestra capacidad de conocer el mundo a través de nuestros sentidos, entonces hoy nuestro cerebro ha anulado los cinco. Nos quedamos siendo plenamente conscientes... de nada. En cambio, hemos sustituido la percepción y la consciencia por palabras y guiones ajenos, que filtran nuestras percepciones. Como dice Marti, hablamos del mundo porque ya no lo sentimos. Explicamos nuestros sentimientos con palabras porque hemos perdido la capacidad de percibirlos, esto es, de sentirlos y simplemente de ser conscientes de ellos. (Piensa en la diferencia entre explicar una experiencia y tenerla. ¿Ves lo que quiero decir?) [142]. La consciencia real representa una escritura antigua, incluso intemporal. Tu nuevo guion es cómo la recuperas.

Cuando tienes el viejo guion a mano, es increíblemente fácil olvidar (y a menudo es lo que se espera de ti) lo que signifi-

ca conocer verdaderamente a través de tus experiencias sensoriales. En su lugar, buscamos explicar lo que sabemos a través
del lenguaje. Como resultado, nuestro pensamiento se acelera
en exceso mientras nuestro ser se queda atascado. Sin embargo, con un nuevo guion, permanecer en tu auténtica verdad
significa volver a conectar con tu voz interior y tu sabiduría,
aprovecharlas para la acción y aportar lo mejor de ti a los demás, posiblemente sin decir ni una palabra.

ARRAIGADO EN LA HUMANIDAD, ORIENTADO AL SERVICIO

Si estás atascado en el viejo guion, verás como algo ingenuo tu
búsqueda de ser más humano, y el objetivo de servir a los demás, como una pérdida de tiempo. Pero si te has abierto una
mentalidad Flux y comprendes realmente las fuerzas en juego,
irás al encuentro de este superpoder.

Para navegar por un mundo cada vez más cambiante, ¿prefieres vivir con un guion escrito por un algoritmo o con tu
propia cabeza y corazón? ¿Preferirías contar con el apoyo y la
amistad de otros o ir por libre? ¿Prefieres dejar un legado formado por aplicaciones o por relaciones de confianza?

Los tiempos de grandes cambios, como los que vivimos
hoy, ofrecen una oportunidad única para redescubrir nuestra
humanidad e interdependencia. Un mundo en transformación
pone de manifiesto la necesidad de hacer una pausa y replantearse las relaciones con la tecnología y con otras personas.
Cuando el cambio llega, una aplicación no te dará sentido ni te
amará, ni te mostrará el camino a seguir. Los seres humanos lo
harán. Y cuanto más humanos seamos mientras navegamos
por los cambios que se avecinan, mejor.

El ser humano es una obra en curso
que se cree erróneamente acabada.

DAN GILBERT

REFLEXIONES: **SER MÁS HUMANOS**
(Y SERVIR A OTRAS PERSONAS)

1. ¿Tiendes a pensar en términos de «yo» o «nosotros»?
2. ¿Mantienes un equilibrio adecuado con la tecnología? ¿Por qué o por qué no?
3. ¿Cómo caracterizarías tu (des)equilibrio yin-yang hoy?
4. ¿Qué ocurre con tus emociones y tu bienestar cuando te desconectas de la tecnología? ¿Recuerdas la última vez que te desconectaste por completo durante más de un día?
5. ¿Sientes que eres capaz de mostrarte «plenamente humano»? ¿Por qué o por qué no?

8

DEJAR IR EL FUTURO

Cuando me desprendo de lo que soy,
me convierto en lo que podría ser.

LAO-TSÉ

Cuando mis padres murieron, también murió parte de mi futuro. Aunque ellos no me habían presionado para que siguiera una carrera concreta, tenían grandes esperanzas y sueños para mí. Sin ellos ¿seguían vivos esas esperanzas y sueños? ¿Eran los adecuados para mí? ¿Cómo saberlo?

Una vez superado el impacto inicial, empecé a tener pesadillas y ataques de pánico. Mi psique nocturna se convencía a sí misma de que mis padres estaban vivos y bien, y que las experiencias recientes no eran más que un mal sueño. Luego me despertaba y volvía a revivir la llamada de mi hermana. Pánico, ansiedad, incredulidad. Lavar, enjuagar, repetir.

Después de un tiempo, empecé a no soñar en absoluto, lo que alivió la agudeza del dolor, pero ¿qué es un futuro sin sueños? Avancemos muchos años hasta hoy, cuando un futuro sin sueños es algo incómodamente cercano a tanta gente.

Quizá tenías un trabajo que te gustaba y lo perdiste. Aunque no fue solo eso lo que perdiste, con ello se fue una parte de tu identidad, tu familia de colegas y una razón clave por la que te levantabas motivado cada día.

O tal vez sea tu hijo el que sueña con ir a la universidad, y ahora ninguno de los dos está seguro de que merezca la pena el gasto y lo desconocido... o incluso si eso es posible.

O te has esforzado durante años en un proyecto que estaba a punto de lanzarse y que iba a catapultar tu carrera, pero el lanzamiento se torció o, lo que es peor, tuvo que abandonarse. Quizá esta situación no te describe a ti, sino a un miembro de tu equipo o comunidad.

O puede que no fuera un proyecto, sino un estilo de vida. Llevabas años experimentando con el trabajo y la familia para «tenerlo todo» y cuando por fin habías encontrado algo parecido al equilibrio y era sostenible... llegó el cambio.

Tal vez tu cuidadosa planificación financiera había dado por fin sus frutos, por lo que habías dejado tu trabajo y tenías billetes para viajar por el mundo, pero entonces el itinerario se hizo insostenible.

O quizá, poco a poco, el vivir mes a mes te quitó la energía para soñar.

Cada una de estas situaciones se reduce a una pregunta fundamental: cuando el mundo que has conocido se colapsa de repente, o se pone patas arriba de una forma que no esperabas ni deseabas, ¿cómo puedes mantener vivos tus sueños?

EL SUPERPODER: **DEJAR IR EL FUTURO**

Dejar ir el futuro permite que surja un futuro mejor

Desde pequeños, a muchas personas se les hace creer que el ser humano puede predecir y controlar el futuro. Los mensajes que recibimos son: esfuérzate y conseguirás un buen trabajo;

pasa por el aro correcto y se abrirán las puertas adecuadas; haz planes que salgan como esperabas. Estas instrucciones no son malas, pero suponen un mundo predecible y controlable... que no podría estar más lejos de la realidad actual.

Este viejo mensaje es una ilusión. La certeza es una ilusión. El hecho es que nadie sabe lo que le depara el mañana y nadie puede controlar el futuro. El viejo guion describe cómo se «supone» que se desarrollan las cosas en un mundo estático, fijo e inmutable. Pero ese mundo hace tiempo que desapareció y no va a volver.

El mundo actual, en constante cambio, exige un nuevo guion que entienda que dejar de percibir el control es lo que permite encontrar el verdadero control. Dejar de lado la ilusión de que puedes controlar las circunstancias externas te permite centrarte en lo que sí puedes controlar: el cómo respondes. Dejar ir todo lo que no necesitas libera tiempo, espacio y recursos para lo que sí necesitas.

Para ser claros, dejar ir no significa rendirse o fracasar de alguna manera (aunque los seguidores del viejo guion se esfuerzan por entenderlo así). La capacidad de soltar es, en muchos sentidos, el último superpoder Flux. Puede ser contraintuitivo, pero ahí radica su potencia. Dejar ir te da el control de lo que realmente importa, te da el poder de avanzar y te recuerda que debes vivir plenamente en este momento. Con una mentalidad Flux, conviertes el miedo y la frustración por el mañana en combustible para tu propósito, tu potencial y tu paz interior hoy mismo.

ATRAPADO EN EL PASADO TEMIENDO AL FUTURO

Los seres humanos son increíblemente buenos para vivir en el pasado y en el futuro. Como dice el neurocientífico Amishi Jha, «la mente es genial para viajar en el tiempo» [143]. De hecho, pasamos la mayor parte de nuestro tiempo así. Por una parte, evocamos el pasado (hablando con nostalgia, lamentando una decisión o simplemente recordando lo que fue) y, por otra, tratamos de prever el futuro de nuestros sueños mientras evitamos nuestros miedos.

Rememorar el pasado y prever el futuro —especialmente cuando esto «debe» funcionar o desarrollarse de una manera determinada— puede que te impida vivir el hoy. El tiempo que se dedica a revivir el ayer o a intentar predecir el mañana es tiempo que se pierde en la vida misma. Solo estás plenamente vivo en el presente. Aquí y ahora.

Por supuesto, no quiero decir que la reflexión y la planificación no sean importantes. Recordar los momentos felices puede levantar el ánimo, y prepararse para lo que viene es una responsabilidad, a menudo esencial. La memoria y la anticipación son algunas de las mayores alegrías de la vida.

Lo que quiero decir es que con demasiada frecuencia nos quedamos atascados en el pasado y en el futuro y no podemos volver al ahora. Acabamos viviendo en otro lugar. Nos olvidamos de nuestra increíble capacidad para enfrentarnos con lo desconocido y nos deslizamos hacia el futuro impulsados más por el miedo que por la posibilidad de algo mejor. Nuestra mente se inclina por un sesgo de negatividad: tendemos a tener más pensamientos negativos que positivos, los cuales permanecen más tiempo en nuestra memoria y afectan más a nuestra toma de decisiones. Cuando este ciclo se prolonga, los resultados pueden ser desastrosos. Necesitamos unos músculos mentales más fuertes para poder estar en el presente, de modo que podamos apreciar y aprender de la vida ahora mismo, e inclinarnos hacia el futuro con la cabeza fría.

Un mundo en cambio es tu tiempo, nuestro tiempo, el tiempo de hacer esto.

MIEDO A DEJARSE LLEVAR

Una de las ideas más interesantes e inesperadas de mi viaje a través del flujo es que cuando hablamos de dejar ir, siempre nos referimos a de dejar ir cosas del pasado, como un viejo rencor, un arrepentimiento, una historia de amor o un momento que ya se ha ido. Solo a veces hablamos de dejar ir algo del presente, ya sea una fuente de estrés, una relación tóxica o un mal hábito. Pero nunca —piénsalo de verdad, nunca— hablamos de dejar ir el futuro.

Por supuesto, a algunas personas les entusiasma el futuro, pero incluso ellos saben que el futuro tiene innumerables incógnitas y que nada está garantizado. Sin embargo, muchas personas lo temen y, por ello, se quedan atascados, paralizados, anclados en una situación que no pueden controlar. Cuanto más se aferran a lo que está fuera de su alcance, o a lo que ya no funciona, más se frustran.

Y, sin embargo, es exactamente cuando hay que dejarse llevar. Pero nadie habla de ello, nadie lo enseña y, desde luego, nadie lo celebra. ¿Por qué no?

CONTROL: PERCEPCIÓN VS. REALIDAD

Si te has pasado la vida siguiendo el viejo guion, es muy probable que te inclines por luchar por el control, perseguir el éxito y anhelar el reconocimiento externo. Si esto es todo lo que te han enseñado, es difícil concebir otra forma de ser. Sin embargo, esto dista mucho de la verdad; hay más de una forma de ser, de pensar y de tener éxito.

Algunas personas también están cegadas por el privilegio. Como vimos en los capítulos 1 y 2, los privilegios limitan nuestra percepción de lo que hay en el guion. En algunos aspectos, el privilegio te da más opciones, mientras que en otros limita tus opciones. En concreto, cuantos más privilegios percibas que tienes (o cuantas más opciones tengas técnicamente), más miedo tendrás, si no estás paralizado, de tomar la decisión equivocada, y más difícil será dejarla ir.

Y sin embargo, he aquí la gran paradoja: solo los que son capaces de soltar son los que tienen verdadero poder y libertad. Los que pueden ver a través de los privilegios son poderosos de una manera que los privilegiados nunca entenderán, a menos que los dejen ir.

Por supuesto, hay una gran diferencia entre ser forzado a dejar ir y elegir dejar ir. Cuando el cambio llega y te ves forzado a dejarlo ir, suele ser cuando aparecen la resistencia y el miedo. Pero cuando eliges hacerlo de forma proactiva, puede ser una experiencia profundamente liberadora y fortalecedora.

Dejar ir ofrece otra fantástica oportunidad para aprender de otras culturas con humildad y respeto. Los seres humanos han luchado con problemas de apego y control desde tiempos inmemoriales. ¿Qué podemos enseñarnos unos a otros para mejorar nuestra capacidad personal de dejar ir?

Aparigraha es un término sánscrito que se traduce como «no apego», «no asedio» y «no posesión». En las culturas en las que prevalece, como el hinduismo y el jainismo, *aparigraha* es la forma más elevada de fuerza humana. Es un superpoder, con o sin flujo.

Aparigraha es la capacidad de desprenderse de todo lo que no te ayuda a ser tu mejor yo. Incluye la capacidad de dejar de lado las expectativas y los temores sobre el futuro. El miedo destruye tu capacidad de estar presente y, cuando no se controla, solo conduce a más miedo. La ira y la ansiedad son manifestaciones de este miedo. Se trata de un ciclo interminable de autosabotaje y de un doble secuestro: consume tu energía mental hacia el miedo y te impide emplear ese tiempo de forma productiva. Esto se llama «procesamiento mental irónico»: cuando intentamos evitar pensar en algo, nuestro cerebro intenta ayudarnos a no pensar en ello comprobando constantemente si estamos pensando en ello. No solo no funciona, sino que es contraproducente [144].

Personalmente, experimenté el miedo y el procesamiento mental irónico durante tanto tiempo que pensé que me volvería loca. Incluso antes de que murieran mis padres, tenía tendencia a preocuparme. Mi madre luchó contra la depresión durante gran parte de su vida adulta, y en casa siempre íbamos con pies de plomo; es parte de mis primeros recuerdos. Cuando ella y mi padre murieron, mi propensión al autosabotaje aumentó. Solo cuando empecé a explorar las ideas de este capítulo, vi que había una manera más amable y sabia de vivir, y mucho que soltar.

Hoy me imagino viviendo en una sociedad en la que el modelo de éxito es el de la persona que puede dejar de lado el miedo, la ansiedad y las expectativas sobre el futuro. No se trata solo de que puedas hacerlo, sino de que elijas hacerlo. Lo haces porque sabes que dejar ir te hace libre: libre de vivir una vida basada en la visión del mundo de otra persona, libre de la ilusión de que puedes controlar lo que ocurre a continuación, y libre de ser inestable cuando el cambio llegue. En esta libertad, lo que antes parecía imposible ahora está al alcance de la mano.

Si te das cuenta de que todas las cosas cambian,
no hay nada a lo que intentarás aferrarte.

Lao-Tsé

EL NUEVO GUION: 3 CAMBIOS PARA EL FLUJO

Dejar de lado el futuro no significa soltarlo como una patata caliente. Más bien significa replantear tu relación con el futuro y con cualquier cambio que pueda producirse. Hay tres formas principales de escribir este nuevo guion:

1. **Un cambio de mentalidad: de predecir a preparar.** Este cambio reconoce que es imposible predecir el futuro y no garantiza que se produzca un único futuro. Más bien, es posible un montón de futuros diferentes, y lo mejor es estar lo más preparado posible para las perspectivas que se presenten. Por eso, resiste el impulso de predecir lo que «pasará» e invierte tu energía en elaborar respuestas iniciales a lo que «podría» pasar.

Inmediatamente después de la muerte de mis padres (y mucho antes de que conectara ninguno de estos puntos), me sentaba a escribir las diferentes formas en que podría desarrollarse mi futuro. Tal vez me dedicara a la enseñanza o montara mi propio negocio; tal vez me casaría o tal vez no; quizá tendría hijos o quizá no; puede que viviera en Tombuctú o en Tailandia, o que me quedara cerca de casa. Entonces miraba estos escenarios y me preguntaba: «¿Podré volver a encontrar la paz y la alegría?».

En cada uno de estos escenarios tan diferentes, llegué a la conclusión de que podía hacerlo. Cada uno de ellos estaba lleno de cambios, incertidumbres y enormes incógnitas, pero todos me ofrecían un camino hacia adelante. Cuando pude dejar de predecir lo que iba a suceder, surgieron un montón de futuros diferentes, aunque satisfactorios.

2. **Un cambio de expectativas: de «las cosas irán según el plan» a «los planes cambiarán».** Incluso si puedes dejar a un lado tu

deseo de predecir, tu cerebro puede seguir asumiendo por defecto que tus planes saldrán bien (y si no lo hacen, es que has fracasado). Esta mala gestión de las propias expectativas es el origen de mucho sufrimiento y de las anticipaciones.

Piensa en una experiencia reciente en la que las cosas no salieron como estaba previsto: ¿cómo respondiste? ¿Te enfadaste o te pusiste nervioso?, ¿o te lo tomaste con calma? ¿Cómo habrías respondido mejor o te habrías preparado diferente si hubieras sabido que tus planes bien trazados iban a cambiar?

Girar el interruptor mental para tratar el cambio como la regla general, en lugar de la excepción, lo mejora todo: tu capacidad de pivotar, tu previsión y tu compasión hacia los demás; porque todos navegamos hoy por este paisaje de incertidumbre.

> *Los planes tienen poca importancia,*
> *pero planificar es esencial.*
>
> Winston Churchill

3. Un cambio de enfoque: de lo conocido a lo desconocido. Cuando se resuelven problemas o se afronta un cambio, la gente busca con frecuencia estar mejor preparada para cuando vuelva a ocurrir lo mismo. No es una mala estrategia en sí, pero es incompleta. ¿Qué pasa con las cosas que aún no han sucedido?

El futuro es solo un concepto; nunca podemos saber realmente lo que pasará. Es cierto que la historia es una maestra asombrosa, pero los cambios actuales incluyen factores que son nuevos para la experiencia humana. En la mayoría de los modelos actuales, no aparecen ni la sorpresa ni la incógnita. Sin embargo, sabemos que lo que nos ha traído hasta aquí no es necesariamente lo que nos haga prosperar con seguridad en el futuro.

Cuando pasas a asombrarte de los misterios de la vida, en lugar de esperar a que el pasado se repita, tu horizonte se amplía literal y figuradamente.

El mapa de escenarios de tu vida

Hacer mapas de escenarios es una de las herramientas favoritas de los futuristas. Es un tipo de previsión que, dada una situación particular, traza muchos escenarios posibles diferentes, con el objetivo de proporcionar ideas inteligentes y fundamentadas en lo que podría ser en el futuro. En términos prácticos, es un poderoso mecanismo para guiar el cambio de la predicción a la preparación.

Aunque el mapeo de escenarios se utiliza habitualmente en empresas y organizaciones, puede ser útil en una amplia gama de entornos: desde la evaluación del futuro de un determinado sector (por ejemplo, la educación), concepto (por ejemplo, el capitalismo) o cambio de negocio (por ejemplo, el trabajo desde casa) hasta la comprensión de cómo podría cambiar tu propia realidad (por ejemplo, el futuro de tu carrera o la educación de tus hijos) y las opciones para responder. Piensa que es en parte un arma secreta y en parte una varita mágica para navegar por la vida en un mundo en cambio.

Cualquier escenario futuro tiene pros y contras. Los mejores escenarios son los que te parecen factibles. Los escenarios son básicamente experimentos mentales; si tu sexto sentido te dice: «sí, aunque algunos aspectos sean un poco descabellados, esto parece que podría suceder», entonces quédate con él.

Los mapas de escenarios suelen dibujarse con dos ejes que representan dos temas clave (cuatro cuadrantes para explorarlos juntos).

Se puede seleccionar cualquier rango de temas. Por ejemplo: dentro de una década, ¿será el título universitario de cuatro años la credencial habitual?; ¿habrá otras opciones mejor adaptadas al mundo actual?; ¿el crecimiento de tu empresa será impulsado por humanos o por la automatización? Personalmente, ¿qué puede cambiar en tu vida y qué te gustaría modificar al respecto? Juega con una serie de factores que te interesan.

Una vez hayas identificado tus temas y dibujado tus ejes, déjate llevar e imagina las posibilidades. En cada uno de los cuatro cuadrantes, describe una serie de posibles resultados, efectos secundarios, obstáculos y respuestas. Deja que tu curiosidad guíe el diseño. Destaca las respuestas que te parezcan más eficaces y fíjate cuando tu intuición te diga: «¡Presta atención a esto!». Sé serio, pero no tanto como para frustrar tu creatividad.

¿Cómo puede ayudarte este ejercicio a replantearte tu respuesta a las incógnitas, vengan de donde vengan?

DESPIERTA TU VOLUNTAD

Abandonar el espejismo de que cada persona puede controlar el futuro nos deja libres para centrarnos en lo que sí podemos controlar, en cómo respondemos al cambio. En otras palabras, dejar de lado el futuro exige que vuelvas a despertar tu voluntad, esa sensación de estar a cargo de tu vida. Porque potenciar la voluntad es un pilar fundamental de tu nuevo guion.

La voluntad suele incluir una lista de cosas mucho más larga de lo que se podría pensar, como tu capacidad de aprender, crear, decidir y crecer. También incluye tu capacidad para votar (o no), para gestionar responsablemente tu tiempo frente a la pantalla (o no), para aplicar la «ley de los dos pies» —que dice que en cualquier situación en la que no estás aprendiendo ni contribuyendo, utilices tus dos pies para encontrar un lugar donde tu participación sea más significativa— al terminar con un trabajo o una relación insatisfactoria (o no), o para responder ya sea con amabilidad o con animosidad. La voluntad también está estrechamente relacionada con ver lo que es invisible: cuando aprendes a ver lo que es invisible, descubres aún más formas de aplicar tu voluntad.

Expresarla no garantiza que te salgas con la tuya, pero te da voz. No puedes controlar los resultados, pero sí puedes controlar si contribuyes a ellos y cómo lo haces.

La capacidad de acción nunca ha sido tan importante y, sin embargo, hemos hecho esfuerzos extraordinarios para eliminarla de la sociedad. Los sistemas educativos enseñan a los alumnos a «estudiar para el examen», en lugar de embarcarse en la búsqueda de un verdadero aprendizaje; las máquinas de consumo masivo nos persuaden de que nuestro único trabajo real es comprar, no pensar, y las tecnologías nos adormecen los sentimientos mientras escroleamos y arrastramos la pantalla. Cada uno de estos ejemplos revela cómo la capacidad de acción, de forma secundaria e incluso inconsciente, puede trasladarse a los recovecos de la conciencia humana.

Pero la voluntad sigue ahí: tu acción, mi acción, y nuestra acción juntas. La voluntad nunca se ha ido, y mientras estés vivo, no puedes perderla. Ahora más que nunca, es el momento de reclamarla, de poseerla y de utilizarla plenamente.

EL «PROBLEMA» DEL CAMBIO

Los problemas son básicamente cambios no deseados. Ha ocurrido algo que desearías que no hubiera ocurrido, o no ha ocurrido lo que desearías que hubiera ocurrido. Este algo puede haber ocurrido hace cinco minutos o hace cinco décadas. El «problema» es algún tipo de cambio que desearías que desapareciera.

Hoy, más que nunca, parece que los seres humanos están en perpetuo modo de resolución de problemas. Problemas antiguos, problemas nuevos, problemas complejos, problemas que la sociedad nos impone, y problemas que nosotros mismos creamos, ya sea por apuntar a objetivos equivocados, por provocar a otros o por no ver nuestros puntos ciegos. La escurridiza búsqueda de la felicidad parece depender lamentable y erróneamente de la resolución de los problemas. (Sin embargo, como vimos en el último capítulo, esto también falla).

A menudo te encuentras con problemas que simplemente no puedes resolver por ti mismo. Cosas que te encantaría arreglar y que quizás algún día se resuelvan. Pero en el aquí y ahora, son intratables y están fuera de tu control.

Piensa en un problema concreto con el que estés lidiando en este momento. Tal vez se trate de una nueva dinámica de trabajo o familiar; un nuevo socio en la cadena de suministro; otro horario; una disminución de las ganancias o de la confianza, o una relación que lleva años siendo problemática.

En estas situaciones, la sociedad suele enseñarte a luchar, y te dice que, si no luchas, fracasas. Sin embargo, esta no es la historia completa. Por supuesto, hay ocasiones en las que luchar es lo correcto: los derechos humanos, un planeta habitable, la justicia social y la equidad fundamental son ejemplos de estos «problemas buenos». Pero hay una serie diferente de problemas, muy amplia y que nos distrae, contra los que a menudo luchamos, aunque se beneficiarían más con una postura diferente: la aceptación.

Por ahora.

Aceptar no significa fracasar o ser pasivo. (De nuevo, es lo que el viejo guion se esfuerza por ver, pero esa miopía es exactamente lo que hace que esa narrativa esté anticuada). La aceptación significa estar presente, pero con otro enfoque: en lugar de gastar tus fuerzas sintiéndote ansioso por el cambio en sí, utilízalas en tu respuesta para inclinarte hacia el cambio.

Cuando eres capaz de aceptar el cambio dejando de lado la ilusión de que puedes controlarlo, pueden ocurrir cosas extraordinarias. Encuentras la paz, la claridad e incluso se te revela lo que antes era insondable. Tu imaginación se enciende.

Cuando te permites soltar lo que intentabas controlar, se abre todo un nuevo universo de posibilidades. Cuando dejas de preocuparte por lo que no funciona, creas espacio para que se manifieste lo que podría ser. Para inventar algo nuevo, o para hacer cualquier tipo de cambio —en tu vida diaria, en una organización o en la sociedad—, se requiere primero la capacidad de imaginar que las cosas podrían ser diferentes. Provoca que tu intención vea de manera diferente, en lugar de determinar que «debe» suceder un resultado concreto.

Piensa en las formas en que tu vida ha cambiado recientemente: ¿qué has aceptado? ¿A qué te sigues resistiendo? ¿Qué has dejado ir y para qué has creado espacio?

PREOCÚPATE MENOS DE TUS PREOCUPACIONES

Durante la mayor parte de mi vida, estuve envuelta en una niebla de preocupaciones. Mis primeros recuerdos son los de mi madre preocupada por si moría de una grave alergia alimentaria. (Su temor no era del todo infundado: mis alergias me mantenían frecuentemente enferma y a mi pediatra ocupado). A los cinco años, aprendí a preocuparme por el dinero, porque siempre escaseaba. En la escuela primaria, me preocupaba de forma permanente que los otros niños no me quisieran. Después de la escuela, me inquietaba cuándo debía volver a casa para evitarme discusiones familiares.

Entonces murieron mis padres y mi preocupación se disparó. La ansiedad generalizada se convirtió en pesadillas y ataques de pánico. A veces me sentía completamente desquiciada por el dolor, rota de una manera que quería entender con desesperación. Estaba claro que el accidente de mis padres no era solo un mal sueño, era mi nueva realidad. Pero ¿ahora qué? Mis cerebros racional e irracional se batían en duelo constantemente sobre por qué «merecía» la pena preocuparse. La respuesta solía ser: todo.

No fue hasta que tuve cuarenta años cuando aprendí que un estado de preocupación perpetuo y crónico no es normal. Ocurrió de forma inesperada, cuando me pidieron que describiera mi primer recuerdo de no sentirme preocupada… y no pude recordar ni uno solo. Es cierto que podía viajar y hablar y salir de mi zona de confort, pero estas cosas eran fáciles comparadas con acallar el pájaro de la ansiedad que piaba incesantemente sobre mi hombro por cualquier cosa, o todo o nada. De hecho, en mis mejores días me preocupaba que no tenía nada de qué preocuparme.

El día en que me di cuenta de que no tenía ni idea de lo que se siente al estar libre de preocupaciones fue una llamada de atención. Por aquel entonces, sabía lo suficiente como para ser consciente de que la preocupación y la ansiedad se alimentan de sí mismas, hasta convertirse en un círculo vicioso e interminable. Pero no me había dado cuenta de lo profunda que era esta herida, y no sabía cómo curarla.

Superar la ansiedad crónica es, en muchos sentidos, un esfuerzo que dura toda la vida, pues se trata de una reconexión gradual del cerebro. Además, una cosa es decir «preocúpate menos de estar preocupado» y otra hacerlo realmente.

Una de las prácticas más útiles que he encontrado para esto es preguntarse: «¿Qué es lo peor que podría pasar?», y luego darle la vuelta a la retórica. Me explico.

Cuando se trata de cambios, los seres humanos pueden ser propensos al fatalismo. Me parece oírte decir que lo «peor que podría pasar» es realmente muy malo. Las respuestas a esa pregunta son una serie de afirmaciones negativas sobre qué perderías, qué no debería estar ahí o qué se quedará vacío. En cómo se formulan estas preguntas está implícita la respuesta de lo peor.

Lo entiendo. El cambio da mucho miedo. Nubla tu horizonte y paraliza tu valor, pero solo te tiraniza si se lo permites.

¿Y si inviertes la pregunta y en su lugar formulas: qué es lo mejor que podría ocurrir si en lugar de resistirme al cambio cedo ante él? ¿Qué es lo mejor que podría pasar si dejara de lado mis expectativas sobre el futuro? ¿Podrías descubrir que eres más capaz de lo que jamás habías soñado? ¿Podrías ver por fin las puertas que estaban esperando ser abiertas?

¿Lo peor que puede pasar es no saber nunca lo que podría haber sido?

Cuando mis padres murieron, «lo peor que podía pasar» no parecía tan malo como lo que ya había sucedido. Tardé en asumir la perspectiva de «lo mejor que podía pasar», pero en cuanto lo hice, sentí como si la tierra se moviera bajo mis pies; mi suelo se volvió firme y a la vez suave. Podía mantener vivo el recuerdo de mis padres y sentirme realmente ilusionada por el futuro.

Poco a poco, desarrollé hábitos para hacer frente a la ansiedad. Mi miedo al futuro seguía imponiéndose de vez en cuando, pero aprendí a prestar atención a lo que me decía el miedo. Entonces empecé a practicar este sencillo pero poderoso proceso de tres pasos que sigo utilizando hoy en día:

1. **Reconocerlo.** Cuando caigo en la ansiedad y el miedo, me detengo y me escucho a mí misma. ¿Qué acaba de ocurrirme? ¿Dónde lo siento en mi cuerpo? ¿Estoy repitiendo los peores escenarios? Si es posible, les pongo nombre a mis sentimientos, incluso una personalidad. Pero no los juzgo, solo los reconozco.

2. **Darle la bienvenida.** En lugar de regañarme a mí misma sobre cómo «no» debería sentirme, me apropio de estos sentimientos en ese momento. Sé que es un modo de cuidarme. ¿Puedo hallar algo de gratitud para ellos en mi interior?

3. **Usarlo.** Por último, cambiar mi foco de atención. ¿Qué me pide este miedo o ansiedad que deje de lado? ¿Cómo me abre a lo que realmente importa? ¿Mi respuesta está en consonancia con mis valores? ¿Quién tiene el control real, yo o mi miedo?

Este enfoque no consiste en trivializar las cosas difíciles ni en olvidar las pérdidas. El sufrimiento y los retos forman parte de tu historia, de mi historia, de la historia de la humanidad. La clave es no dejar que el miedo al futuro se apodere del guion de tu vida o te impida vivir hoy.

En última instancia, tu mentalidad determina tu bienestar. Una mentalidad Flux sabe cómo dejar de preocuparse y apoyarse en la maravilla de lo que podría ser.

COMENZAR DE NUEVO

El cerebro humano está programado para planificar el futuro, pero seamos honestos: nadie sabe cómo se desarrollará. ¡Lo digo como famosa futurista! Cuanto más intentamos predecir y controlar, o presumir de saberlo «con seguridad», más se nos escapa el futuro.

De nuevo, la vida siempre ha sido así. Nadie puede saber con exactitud lo que deparará un día cualquiera, y mucho menos una semana, un año, una década o toda una generación. Pero ahí está la verdadera belleza e incluso el asombro: cuando cada día es nuevo e incógnito, se convierte también en una oportunidad para empezar de nuevo.

«Cada-día-para-comenzar-otra-vez».

Esta realidad no es exclusiva de hoy, solo que un mundo en cambio y un ritmo más rápido lo hacen más evidente. Y, cuando cada día está lleno de cambios, y cada día también ofrece una nueva oportunidad para empezar de nuevo, la forma de conciliar esta tensión —entre tu deseo de planificar y un futuro desconocido— es tomar al mismo tiempo las cosas del día a día. Como aconseja el Dr. Judson Brewer, director de investigación e innovación del Centro de Atención Plena de la Universidad de Brown: «Haz lo que tengas que hacer hoy, y ocúpate del mañana cuando llegue: mañana. Cuando se trata de información, cuanto más cerca del ahora te quedes, más claramente podrás pensar» [145]. Si el día de hoy te parece un horizonte demasiado lejano, considera esta hora, este minuto, este segundo. La clave está en permanecer en el momento presente y reconocer cada oportunidad para empezar de nuevo.

Después de la muerte de mis padres, me quedé atrapada en lo que parecía un interminable no saber. Tenía muchas ganas de planificar, pero no podía saber qué iba a pasar. Cada mañana me despertaba con la misma pregunta: ¿qué debo hacer?

Poco a poco aprendí a reducirlo al aquí y al ahora, así que cada mañana, tenía dos opciones: podía salir de la cama y ver qué pasaba, o podía hacerme un ovillo y no saberlo nunca. Muchos días, meterme en un rincón y desaparecer era lo que me apetecía, pero una vocecita me susurraba: ¿no quieres saber qué te deparará el día de hoy? Con el tiempo, el simple hecho de levantarme y poner un pie delante del otro se convirtió en algo menos deliberado y más en una pequeña victoria diaria. Mi mantra se convirtió en: «Quiero saber, pero tengo que aprender». Me hice a la idea de que hay cosas que simplemente no podemos saber. Me parecía injusto, incluso cruel, pero me di cuenta de que podía destruirme a mí misma si seguía tratando de identificar lo que estaba más allá de mi alcance o del de cualquiera.

Y esto me llevó a la comprensión más útil de todas: hay belleza en no saber. El no saber fomenta la curiosidad, el asombro y la admiración, cosas que escasean hoy en día. Cuando es imposible saber, entonces es el momento de dejarlo correr... y empezar de nuevo.

SOSTENER EL FUTURO CON SUAVIDAD

Cuando llega el cambio, lo que marca la diferencia es la capacidad de dejar ir las expectativas, lo que hay que hacer en ese futuro incierto, e incluso la necesidad de saber. Las personas que se aferran a «lo que era», o que creen que pueden controlar lo que va a ocurrir en el futuro, se descarrilan fácilmente. Pero los que pueden dejar de lado lo que era y aún no es, y dan al futuro el espacio y el oxígeno que necesita para surgir, prosperarán.

Dejar ir el futuro es fluir, no aferrarse; es trabajar con la vida en lugar de hacerlo en su contra, es fluir en lugar de sentirse atascado. Ver el futuro no como un hoyo de incertidumbre o un muro de ladrillos impenetrable, sino más bien como el agua: flexible, blanda, toma la forma de su recipiente y es imposible mantenerla en las manos durante mucho tiempo. Una forma que es a la vez suave y deformable, pero que puede horadar una roca prehistórica.

Al igual que el agua mantiene la forma de su recipiente, poderosa y a la vez relajada en su estado pasajero de ser, sostener el futuro con suavidad es la forma de abrazar -y prosperar- el flujo.

> *Todo lo que tocas lo cambias.*
> *Todo lo que cambias te cambia.*
> *La única verdad duradera es el Cambio.*
>
> OCTAVIA BUTLER

REFLEXIONES: **DEJAR IR EL FUTURO**

1. Cuando haces planes, ¿generalmente esperas que funcionen o que no?
2. Mentalmente, ¿dónde pasas la mayor parte de tu tiempo, en el pasado, en el presente o en el futuro?
3. Describe algo que hayas dejado ir recientemente. ¿Cómo te sentiste? ¿Cómo fue?
4. ¿Cómo te hace sentir el «no saber»?
5. ¿Has hecho alguna vez un mapa de tu vida? Si es así, ¿cómo fue? Si no, ¿te gustaría hacerlo? ¿Por qué o por qué no?

CONCLUSIÓN

FLUIR HACIA DELANTE

La vida es un flujo.

HERÁCLITO

Ya estás aquí: has leído las páginas de este libro que te atraían y en el orden que te ha parecido correcto. Estás haciendo todo lo posible para abrir una mentalidad Flux, desbloquear tus superpoderes Flux, y escribir un nuevo guion que sea adecuado para el mundo de hoy. Sientes que es un gran cambio para tu mente, tu cuerpo y tu alma. Sabes que te ayudará como líder, profesional, empresario, padre, madre, miembro de la comunidad y, sobre todo, como ser humano. Pero aún te preguntas: ¿qué más?, ¿qué es lo siguiente?, ¿qué debo hacer ahora?

Has aterrizado en el lugar correcto, pero primero vamos a orientarnos y a entender mejor lo que has aprendido hasta ahora. Así será mucho más fácil proyectar una visión valiosa hacia adelante.

Quizá lo más importante que hay que recordar (y que es fácil de olvidar) es que absolutamente todo lo que haces afecta a tu forma de afrontar el cambio. Se mejora en lo que se practica. De modo que, si practicas el miedo, mejorarás en ser temeroso; si practicas la flexibilidad, te volverás más flexible; si practicas la esperanza, fortalecerás tu capacidad de esperanza.

Parte de lo que sigue es ver el flujo como una práctica. Abrir una mentalidad Flux y fortalecer tus superpoderes Flux no se hace de la noche a la mañana. Ser verdaderamente fluido es un esfuerzo de toda la vida: requiere práctica, práctica y más práctica. El objetivo es la mejora, no la perfección. ¿Y el resultado? Cada día (¡y especialmente hoy!) se te ofrecen muchas oportunidades para hacerlo.

También has visto que los superpoderes Flux se amplifican entre sí. Cada superpoder se mantiene por sí mismo, pero cuando se combinan, el resultado es mucho más poderoso. Por ejemplo:

- Es más fácil dejarse llevar cuando empiezas confiando.
- Es más fácil empezar con confianza cuando puedes ver lo que es invisible.
- Es más fácil ver lo que es invisible cuando corres más despacio.
- Es más fácil correr más despacio cuando puedes ser totalmente humano. Y así sucesivamente.

A la hora de practicar cómo fluir, empieza con el superpoder Flux que tengas más a mano, debes saber que los demás lo potenciarán (y viceversa) con el tiempo.

Del mismo modo, se puede empezar con cualquier cambio que tengas más a mano. Uno de los verdaderos regalos del flujo es que no tiene escala: puede aplicarse a cualquier unidad de tamaño o alcance. A nivel individual, puede tratarse de tu agenda diaria, de tu familia, de tu carrera o de tus sueños y expectativas. Desde el punto de vista organizativo, podemos hablar de crisis en oficinas, en recursos humanos o en la planificación estratégica. Desde el punto de vista social, el flujo puede estar en la transformación de una política, de las ciudades, del clima, etc. Y, cuando el mundo entero está en flujo, la mentalidad Flux tiene una utilidad casi infinita.

En este sentido, está claro que este libro es solo el principio. Cada uno de los superpoderes Flux merece su propio libro. Tal vez haya que lanzar una serie: Liderazgo en cambio, Trabajo en cambio, Relaciones en cambio, Confianza en cambio, Carreras en cambio, Aprendizaje en cambio, Gestión de Riesgos en cambio, Ciudades en cambio, Política en cambio, Políticas Públicas en cambio, Expectativas de cambio... Todo lo que has empezado a conocer con este libro va mucho más allá de cualquier cambio, persona o momento.

Pero ahora, volvamos al presente y a ti. La premisa básica de *Flux* es que, en un mundo de cambios constantes, tenemos que reformar radicalmente nuestra relación con la incertidumbre y modificar el guion para mantener una perspectiva saludable y productiva. Aquí te proponemos tres pasos para hacerlo:

Paso 1: Abrirte a una mentalidad Flux.
Paso 2: Utilizar esa mentalidad para desbloquear los 8 superpoderes Flux.
Paso 3: Aplicar esos superpoderes para escribir tu nuevo guion.

La capacidad de «cambiar el guion» es la clave. Tus nuevas directrices se adecuarán al mundo actual y te permitirán prosperar en el cambio constante. Pero esto no sucede por sí solo, requiere comprender tu antiguo guion y de qué manera ha moldeado tu relación actual con el cambio.

La relación de cada persona con el cambio es única, ya que se basa en sus experiencias vitales, que no son iguales. La clave de *Flux* es responder a: ¿qué es lo que te fundamenta, te enraíza y te orienta cuando llega el cambio? ¿Qué valores te proporcionan la claridad y la estabilidad que te permiten ver el cambio como una oportunidad, en lugar de una amenaza? ¿En qué medida estás comprometido con estos valores? ¿Cómo afectan estos a tu reacción cuando lo que pensabas que iba a suceder —una carrera, una pareja, un horario, un miembro de la familia, el lanzamiento de un producto, una nueva contratación o un ciclo electoral— no lo hace?

(Este puede ser un buen momento para revisar el Punto de referencia de la mentalidad Flux expuesto en la Introducción y ver si tus respuestas han cambiado y cómo).

Aunque cada persona se acerca al cambio con una historia y una personalidad diferentes, he encontrado cuatro acciones que son aliadas naturales para fortalecer una mentalidad para el cambio y aplicar tus superpoderes. Puedes hacer cada una de ellas ahora mismo.

Primero. Fluye en tu vida y en tu trabajo. Hay muchas maneras de practicarlo en casa, en la oficina o de viaje. Sin embargo, el mejor lugar que he encontrado para empezar es el exterior. Adéntrate en la naturaleza, porque es el epítome del flujo y nuestro mejor maestro del cambio constante.

En el año 500 a. C., Heráclito supo ver que la naturaleza es un cambio interminable, pero que también es una constante en un mar de cambios. La naturaleza presta poca atención a las transformaciones que sacuden su mundo. Las estaciones se suceden, los árboles dan frutos, las flores florecen y los animales hibernan… siempre. Además, la naturaleza evoluciona constantemente y se convierte en algo diferente a lo que era antes. Los átomos en movimiento cambian; las células se dividen; el aire y la energía se mueven. «Al igual que un río, la vida fluye siempre hacia adelante y, aunque nos adentremos en el río desde la orilla, las aguas que fluyen sobre nuestros pies nunca serán las mismas que fluyeron un momento antes» [146]. Entre los innumerables ejemplos del flujo de la naturaleza están:

- las orugas, que atraviesan la crisálida y se convierten en mariposas. Es decir, ¡un bicho se convierte en una sustancia viscosa, luego le salen alas y vuela!;
- el bambú, que pasa más de un año desarrollando raíces y rizomas bajo tierra antes de dar un increíble estirón y convertirse en una planta que crece un metro al día para ser más fuerte que el acero y, posiblemente, el material más fuerte de la tierra... [147];
- las olas, que en su flujo y reflujo, producen tantos lugares de vacaciones idílicos como huracanes destructivos. ¡Todo un tsunami de cambios!

La naturaleza también tiene una profunda conexión con la sabiduría indígena y ancestral. Al observar nuestros problemas más complejos, desde la sostenibilidad hasta la construcción de comunidades y la gestión de ecosistemas, no dejo de pensar una y otra vez que los seres humanos de hoy tendríamos una comprensión del flujo mucho mejor y más rica si hubiéramos seguido la sabiduría antigua y entendiéramos sus relaciones con la naturaleza y el cambio. Muy posiblemente habríamos tomado mejores decisiones que nos habrían permitido habitar un mundo en el que:

- El éxito se midiera en términos de relaciones y sostenibilidad, incluida nuestra relación con la Madre Tierra.

- La planificación incluyera y diera prioridad a las generaciones futuras, como el principio de la Séptima Generación, que afirma: «En cada una de nuestras deliberaciones, debemos considerar el impacto de nuestras decisiones en las próximas siete generaciones» [148].

- El miedo fuera una emoción que hay que sostener con suavidad, no un monstruo del que hay que huir [149].

- Se recurriera a nuestra sabiduría interior y se confiara en ella, en lugar de depender de la validación externa.

- Aunque no se pudiera predecir el futuro, al estar en contacto con la sabiduría interior podríamos presentir hacia dónde se dirigen las cosas.

Haz una pausa y considera tu relación actual con la naturaleza y lo que sabías (o no) sobre la sabiduría indígena antes de leer este libro. ¿Eres capaz de prestar verdadera atención a los matices de la naturaleza? ¿Habías oído hablar de la extraordinaria vista del pueblo himba o habías pensado en cómo aplicar el *kintsugi* a tu vida? ¿Sabías lo que es un *potlatch*, o lo que significan realmente las palabras *suficiente* y *contento*?

Cuando se pasa tiempo en la naturaleza, se aprende sobre el cambio constante directamente de la fuente. La sabiduría indígena es uno de los mayores tesoros de la humanidad. Tanto la naturaleza como la sabiduría indígena dan vida a tus superpoderes Flux, porque te ayudan a aprender a ver las cosas que antes eran invisibles para ti y a confiar en la voz de la naturaleza. Observa, escucha, aprende y aplica estas ideas a tu propia vida y trabajo. Lleva tu mentalidad Flux al siguiente nivel; escribe el próximo capítulo de tu nuevo guion.

Pero no te conformes con las historias,
con cómo les han ido las cosas a los demás.
Despliega tu propio mito,
sin una explicación complicada,
para que todos entiendan el pasaje
que te hemos abierto.

Rumi

Segundo. Lleva *Flux* a tu organización. Gran parte de este libro se centra en las capacidades individuales, pero eso es solo el principio. Cuando adaptamos y aplicamos los superpoderes a la cultura organizativa, encontramos vínculos positivos con todo —desde la estructura del modelo de negocio hasta la planificación estratégica, las métricas de rendimiento y los esfuerzos de diversidad, equidad e inclusión (DEI)—, que van más allá de las conversaciones superficiales para producir un cambio sustantivo.

Por ejemplo, hazte las siguientes preguntas sobre tu empresa u organización (o si no estás trabajando actualmente, evalúa la primera empresa u organización que se te ocurra):

- ¿Qué aspecto tiene una estrategia empresarial de «suficiente para todos» en lugar de «más para algunos»? ¿Y qué hay de una estrategia que pueda funcionar más despacio y que tenga en cuenta horizontes temporales a más largo plazo, más allá de los rendimientos trimestrales?
- ¿Qué ocurre cuando una empresa trata a sus clientes como ciudadanos y no como consumidores?
- En la práctica, ¿qué incluye un contrato social basado en la confianza y la suficiencia? ¿Qué pasa con la remuneración de la empresa y las estructuras de propiedad?

- ¿Cómo afecta la capacidad de flujo a la visión de la organización sobre lo que es arriesgado y lo que es responsable?

He escuchado, una y otra vez, que muchas organizaciones no están preparadas para el cambio constante. Incluso las supuestamente ágiles se atascan en políticas anticuadas, malinterpretan los mercados y provocan fricciones (o algo peor) en sus equipos. A menudo, los líderes dicen querer la innovación, pero toman decisiones que se resisten a ella [150].

Sin duda, existe otro libro específico para el flujo organizativo, aparte de talleres, diagnósticos y mucho más. Pero hay algunas cosas que este libro puede suscitar, especialmente cuando se toma *Flux* como una especie de manifiesto organizativo y una herramienta para la colaboración en equipo.

Tanto si trabajas en el sector privado, en el público o en el social; tanto si lo haces para una organización con ánimo o sin ánimo de lucro o con fines benéficos; tanto si trabajas a tiempo completo o parcial, como empleado o empleador, si eres autónomo o tienes un portafolio de carreras: imagínate cómo sería esa organización alineada con los 8 superpoderes Flux. Imagínate que tu organización y todos tus colegas supieran correr más despacio, ver lo invisible y empezar con confianza. Imagina que todo el equipo fuera capaz de ser más humano y te animara a hacer lo mismo. Imagina un nuevo guion organizativo adecuado para un mundo en transformación.

Si esto te parece atractivo, el punto de partida es sencillo: ¡comparte este libro y empieza a tener conversaciones *Flux* con tus colegas!

Si diriges una organización, reúne a todo el equipo y explorad juntos los antiguos guiones. Evalúa su punto de referencia de la mentalidad Flux (véase la Introducción) y comparte sus respuestas. Mira a ver quién más está interesado en escribir su nuevo guion. (Mi experiencia demuestra que relativamente pocas personas han pensado en esto, pero una vez que lo hacen, casi todos quieren escribir el suyo). Asóciate para fluir mejor juntos.

Ve un paso más allá y elabora un nuevo guion para la organización que incluya las voces de todos por igual. A fin de cuentas, el éxito de una organización depende de su personal, y el cambio no es una excepción. Una organización cuyo talento haya aprovechado sus superpoderes de flujo estará mucho mejor preparada para un futuro lleno de cambios que un equipo que siga aferrado a su antiguo guion.

> *Puedes hacer el cambio. O este puede hacerte a ti.*
>
> George Maciunas, fundador del movimiento
> artístico Fluxus

Tercero. Lleva el espíritu de *Flux* a tu familia. Como has visto, la relación con el cambio empieza de dentro hacia fuera. Los superpoderes Flux son útiles a cualquier edad y, cuanto antes los desarrollemos, mejor. En un mundo ideal, los niños se criarían con una relación sana con el cambio. Se les inculcaría desde pequeños una mentalidad Flux y tendrían superpoderes Flux para toda la vida. De hecho, he perdido la cuenta de cuántos padres me han expresado su deseo de que esto ocurra.

Además, muchos jóvenes —especialmente los adultos jóvenes— quieren una forma diferente de vivir, trabajar y ser. Ven que el viejo guion está roto y quieren un nuevo guion: una nueva hoja de ruta que oriente y guíe sus vidas y que sea adecuada para el mundo de hoy. Muchos de ellos no quieren subirse a la escalera mecánica porque quieren saber qué más hay. Este libro puede ayudarles, y tú también.

Una vez más, el punto de partida es sencillo: habla con tus hijos sobre *Flux*. Cuéntales historias sinceras sobre cambios difíciles en tu vida. Mantén conversaciones abiertas sobre qué tipos de cambio son los más difíciles y qué superpoderes serían más útiles para esos procesos. Dependiendo de la edad de tus hijos, háblales de cómo podría ser un nuevo guion.

Cuando llevas a *Flux* a tu familia, también abres la puerta a conversaciones sobre la empatía, la interdependencia y los privilegios. ¿Cuál es la realidad de tu flujo frente al de otro? Esta es una forma maravillosa de ayudar a los niños a comprender la interconexión de la humanidad, tanto individual como socialmente.

Los privilegios (o la falta de ellos) conforman tu visión de los cambios y son de doble sentido. Algunos tipos de privilegios te permiten atravesar ciertos cambios sin problemas; sin embargo, otros también pueden pesarte (sobre todo, en la escalera mecánica del viejo guion) y dificultar la aceptación del cambio.

Los privilegios tienen muchas formas: la estabilidad emocional, la riqueza financiera, el color de la piel, una familia cariñosa, y un hogar seguro son formas de privilegio, y todas ellas pueden desencadenar diferentes respuestas al cambio. Crecer en una familia abusiva o disfuncional puede dificultar la confianza. No tener nunca lo suficiente puede hacer que sea difícil no desear más. Paradójicamente, estar rodeado de privilegios hace que sea más difícil (a menudo mucho) liberarse, incluso cuando es en tu propio interés (y en el del mundo).

Solo cuando eres consciente de tus privilegios (y de los de los demás) y puedes imaginar una vida plena sin ellos, puedes sentirte seguro el flujo. Una mentalidad Flux exige que mires dentro de ti, que entiendas tu propio privilegio (o la falta de él) y cómo te impide abrazar el cambio. Puede parecer una tarea difícil, pero es algo a lo que toda persona debería aspirar, sobre todo porque incluso los privilegios que a menudo se dan por sentados (como tener padres, salud o trabajo) pueden cambiar de un momento a otro.

Un yo que sigue cambiando
es un yo que sigue viviendo.

Virginia Woolf

Cuarto. Lleva *Flux* al mundo. A un nivel más amplio, puedes convertirte en un embajador de *Flux*. Puedes formar parte de una comunidad Flux —y ayudar a construirla— para reescribir nuestros guiones colectivos. Puedes ser un catalizador de nuevas ideas sobre el «ciclo vital del flujo»: por ejemplo, ¿cómo evoluciona nuestra mentalidad Flux a medida que envejecemos? También puedes catalizar la forma en que hablamos del cambio, porque es la única manera de que veamos una verdadera transformación a escala.

De hecho, escribir este libro reveló lo débil que es nuestro lenguaje actual para navegar por el flujo. Al igual que luchamos contra el cambio constante, también nos cuesta expresarlo. Tenemos palabras como resiliencia y adaptabilidad, pero ¿y para estar realmente en la vorágine del flujo? No tanto.

Y, sin embargo, es difícil hablar de algo, y mucho menos conectar genuinamente con otros, sin las palabras adecuadas para describir lo que es. Este problema no es exclusivo del flujo, es algo común a los temas que son incómodos, están estigmatizados, o preferimos evitar. Resulta especialmente frustrante cuando hay mucho que aprender, pero se nos impide acceder a esa información: por ejemplo, cuando la filosofía del yoga es considerada como pseudoterapia por el mundo de los negocios, o cuando la sabiduría indígena es marginada por los expertos.

Esta es tu oportunidad de ayudar a romper estas barreras para dar voz a lo que importa y reconocer lo mucho que tenemos que aprender unos de otros. Nos encontramos en un momento ideal, y cada vez más urgente, para desarrollar un sólido vocabulario del cambio: un léxico Flux (¿un fluxicón?) que ayude a concienciar y a unir a la gente, lo que a su vez puede ser un catalizador para que los superpoderes Flux echen raíces.

Además de hablar mejor sobre el flujo, también tienes la oportunidad de aumentar tu propia «capacidad de flujo» para forjar un futuro mejor para todos. Por ejemplo, ¿cómo puede la teoría del flujo influir en la forma en que elaboramos las métricas para valorar la salud y el bienestar de la sociedad? ¿Existe un nuevo PIB para el flujo? (Yo creo que sí). ¿Qué aspecto tiene construir algo verdaderamente transformador cuyo efecto total no lo sentirás en tu vida? Esto también nos vuelve a señalar a la sabiduría indígena, que tiene muchas de las respuestas que buscamos (y mucho de lo que siempre hemos sabido). Es un proceso de redescubrimiento a escala global.

> *Debe ser obvio... que hay una contradicción en querer estar perfectamente seguro en un universo cuya propia naturaleza es la momentaneidad y la fluidez.*
>
> ALAN WATTS

Para los campeones de la humanidad, esta es una oportunidad única. A medida que los viejos guiones se rompen y tu mentalidad Flux se abre, tus superpoderes Flux emergen: eres capaz de correr más despacio y con más calma, de ver lo que es invisible y hacerlo visible, de dejar ir un futuro que ya no es apto para tus propósitos, y de permanecer presente mientras construyes lo que viene.

Esto es aprender a fluir, y no hay mejor momento para practicar que ahora. Tu nuevo guion está a la vuelta de la esquina.

¿Estás listo? ¡Vamos!

GUÍA DE DEBATE

Flux pretende ayudar a las personas y a las organizaciones a reformular su relación con la incertidumbre y el cambio para mantener una perspectiva sana y productiva. A lo largo del libro, se incluyen recuadros que incitan a la reflexión, la curiosidad y la conversación. Muchos de estos incluyen preguntas y ejercicios diseñados para ayudarte a abrir una mentalidad Flux y desarrollar tus superpoderes Flux. A continuación, presentamos una selección de esas preguntas (más algunas extras) elaboradas para ayudarte a evaluar tu «fluidez» y estimular debates importantes. Puedes hacerlos con tus amigos, colegas, familia, miembros del equipo, círculos de liderazgo, grupos de mente maestra e incluso con desconocidos. Son apropiados para hacerlos individualmente, así como para entornos privados y de grupos pequeños. ¡Que los disfrutes!

Para más preguntas, ideas e inspiración, dirígete a fluxmindset.com.

Tu punto de partida en la mentalidad Flux

1. ¿Qué tipo de cambios te gustan? ¿Qué tipos de cambio detestas?
2. ¿Qué te da sentido y propósito?
3. ¿A quién y a qué recurres en momentos de incertidumbre?

4. ¿Con quién y con qué te comprometes, pase lo que pase?

5. Cuando creciste, ¿te enseñaron a temer el cambio o a aceptarlo?

6. ¿Qué es lo que «te hace ser tú»? ¿Cuánto se debe a los accidentes de nacimiento (privilegios o falta de ellos)?

7. ¿Qué palabra describe mejor tu relación con el cambio en la actualidad?

Correr más despacio

1. Cuando algo tarda más de lo previsto, ¿tiendes a sentirte agitado o a agradecer el retraso?

2. ¿En qué áreas de tu vida sientes que corres demasiado rápido?

3. ¿Cuándo empezó la presión por correr más rápido? ¿Lo notaste en ese momento?

4. ¿De quién o de dónde viene tu «necesidad de velocidad»? ¿Te impulsas a ti mismo a correr más rápido, o son otros los que te impulsan?

5. ¿Cuáles son tus mecanismos típicos de superación? ¿Cuáles te han sido más útiles? ¿Cuáles necesitan ayuda para mejorar?

6. Si te frenaras, ¿qué crees que descubrirías?

Ver lo invisible

1. ¿Sueles confiar más en tu cabeza o en tu corazón?

2. Cuando tus compañeros te dicen que gires a la derecha, ¿alguna vez quieres girar a la izquierda en su lugar?

3. ¿Puedes detectar patrones invisibles?

4. ¿Hasta qué punto eres consciente de las normas que rigen tu vida? ¿Hasta qué punto son explícitas?

5. ¿Cómo ha afectado el privilegio (o la falta de privilegio) a tu guion? ¿Qué tipo de privilegios?

Perderse

1. Cuando te equivocas de camino y acabas en un lugar en el que nunca habías estado (y al que no tenías intención de ir), ¿sueles sentirte frustrado, temeroso o intrigado por ese nuevo lugar?

2. ¿Tiendes a ver los desvíos como molestias o como aventuras?

3. Cuando creciste, ¿te animaste a juntarte con gente como tú o diferente a ti? ¿Cómo eran esas personas? ¿Qué aprendiste?

4. Cuando te enfrentas a la incertidumbre, ¿quién o qué te pone los pies en la tierra y te ayuda a encontrar el camino?

5. ¿En qué medida influyen otras culturas o tradiciones en su visión del mundo? ¿En qué se diferencian estos guiones de los tuyos? ¿Cómo los has conocido?

Comenzar por la confianza

1. ¿Se puede confiar en el ciudadano medio? ¿Por qué o por qué no? ¿Qué influye en tu respuesta?

2. ¿Sueles ser rápido para confiar o rápido para desconfiar?

3. ¿Confías en ti mismo? ¿En qué momento se tambalea más la confianza en ti mismo?

4. Si algo no se puede medir, ¿existe?

5. Cuando pides a la gente que «confíe en ti», ¿qué sientes?

Conocer tu «suficiente»

1. ¿Es mejor tener más? ¿Por qué? ¿Por qué no?
2. Cuando haces un regalo a otra persona, ¿es una pérdida o una ganancia para ti?
3. ¿Cómo defines hoy el término *suficiente*? ¿Lo defines de forma diferente para ti que para otras personas? ¿Por qué o por qué no?
4. ¿Cómo defines tu autoestima? ¿Qué parámetros utilizas?
5. Piensa en alguien que ejemplifique «lo suficiente». ¿Qué te hace pensar?

Crear tu carrera profesional

1. ¿Cuál sería su identidad profesional si perdieras hoy tu trabajo?
2. ¿Cómo describirías tu mayor aspiración profesional? ¿Podrías dibujarla?
3. ¿Qué es lo primero que preguntas cuando conoces a alguien nuevo (aparte de su nombre)?
4. ¿La idea de cambiar de papel cada pocos años te entusiasma o te asusta? ¿Por qué?
5. Si pudieras ser cualquier cosa, ¿qué serías?

Ser más humano (y servir a otros humanos)

1. ¿Tiendes a pensar en términos de «yo» o de «nosotros»?
2. ¿Mantienes un equilibrio adecuado con la tecnología? ¿Por qué o por qué no?
3. ¿Cómo caracterizarías tu (des)equilibrio yin-yang hoy?
4. ¿Qué ocurre con tus emociones y tu bienestar cuando te desconectas de la tecnología? ¿Recuerdas la última vez

que te desconectaste por completo durante más de un día?

5. ¿Sientes que eres capaz de mostrarte «plenamente humano»? ¿Por qué o por qué no? ¿Hay alguna diferencia entre tus experiencias físicas y virtuales en este sentido?

Dejar ir el futuro

1. Cuando haces planes, ¿esperas por lo general que te salgan bien?
2. Mentalmente, ¿dónde pasas la mayor parte del tiempo: en el pasado, en el presente o en el futuro?
3. Describe algo que hayas dejado ir recientemente. ¿Cómo te sentiste? ¿Cómo pasó?
4. ¿Cómo te hace sentir el «no saber»?
5. ¿Has hecho alguna vez un mapa de tu vida? Si es así, ¿cómo fue? Si no, ¿te gustaría hacerlo? ¿Por qué o por qué no?

El flujo organizativo y el liderazgo

1. ¿Cómo calificarías la capacidad de flujo de tu organización? ¿Hay personas, equipos o departamentos más «fluidos» que otros? ¿Por qué crees que puede ser así?
2. ¿Qué suele ocurrir en tu organización cuando se produce un retraso o una alteración inesperada?
3. Piensa en tu estilo de liderazgo. ¿Esperas que tus colegas y socios actúen con rapidez, mantengan el rumbo o estén de acuerdo con tus decisiones? ¿Por qué o por qué no?

4. ¿Cómo te sientes cuando intentas cumplir las expectativas que te imponen los demás? ¿Cómo te sientes cuando estableces expectativas para otros?

5. ¿Qué opinas sobre compartir el poder con los demás?

Y por último... ¿qué otras preguntas te plantea *Flux*?

NOTAS

1. Por ejemplo, los efectos de la Primera Revolución Industrial tardaron más de cien años (es decir, varias generaciones) en hacerse sentir plenamente. La actual Cuarta Revolución Industrial tardará una fracción de ese tiempo.

2. «Flujo». (2020). Diccionario de la Lengua Española. https://dle.rae.es/flujo?m=form

3. «Fluir». (2020). Diccionario de la Lengua Española. https://dle.rae.es/fluir%20?m=form3.

4. Steven Smith (1997). *The Satir Change Model.* https://stevenmsmith.com/ar-satir-change-model/

5. Adrian F. Ward, Kristen Duke, Ayelet Gneezy y Maarten W. Bos (2017). Brain Drain: The Mere Presence of One's Own Smartphone Reduces Available Cognitive Capacity. *Journal of the Association for Consumer Research* 2, n.º 2. https://doi.org/10.1086/691462

6. Dan Chisholm, et al (2016). Scaling-Up Treatment of Depression and Anxiety: A Global Return on Investment Analysis. *Lancet Psychiatry.* https://doi.org/10.1016/S2215-0366(16)30024-4

7. American College Health Association (2018). Fall 2018 National College Health Assessment. https://www.acha.org/documents/ncha/NCHA-II_Fall_2018_Undergraduate_Reference_Group_Data_Report.pdf
Nicole J. LeBlanc y Luana Marques (2019). *Anxiety in College: What We Know and How to Cope.* Harvard Medical School Health Publishing, https://www.health.harvard.edu/blog/anxiety-in-college-what-we-know-and-how-to-cope-2019052816729

8. Carol Dweck (2007). *Mindset: la nueva psicología del éxito* (Editorial Sirio).

9. Leaders on Purpose (2019). *The CEO Study: A Longitudinal Study of the Leadership of Today and Tomorrow.* https://www.leadersonpurpose.com/ceo-research

10. Jeremy Heimans y Henry Timms (2018). *New Power: How Power Works in Our Hyperconnected World-and How to Make It Work for You* (Random House de Canadá).

11. James Guthrie y Deepak Datta (2008). Dumb and Dumber: The Impact of Downsizing on Firm Performance as Moderated by Industry Conditions,

Organization Science, Volumen 19, n.° 1. https://econpapers.repec.org/article/inmororsc/v_3a19_3ay_3a2008_3ai_3a1_3ap_3a108-123.htm

12. Jennifer Senior (2020). More people will be fired in the pandemic. Let's Talk about It. *New York Times.* https://www.nytimes.com/2020/06/14/opinion/layoffs-coronavirus-economy.html

13. Steve Bradt (2010). *Wandering Mind Is Not a Happy Mind.* Harvard Gazette 11(11). https://news.harvard.edu/gazette/story/2010/11/wandering-mind-not-a-happy-mind

14. Anne Helen Petersen (5 enero 2019). *How Millennials Became The Burnout Generation.* BuzzFeedNews. https://www.buzzfeednews.com/article/annehelenpetersen/millennials-burnout-generation-debt-work

15. Josh Cohen (2019). *Millennial Burnout Is Real, but It Touches a Serious Nerve with Critics. Here's Why.* NBC News. https://www.nbcnews.com/think/opinion/millennial-burnout-real-it-touches-serious-nerve-critics-here-s-ncna974506

16. Olga Mecking (2019). The Case for Doing Nothing. *New York Times.* https://www.nytimes.com/2019/04/29/smarter-living/the-case-for-doing-nothing.html

17. Sophia Gottfried (2019). Niksen Is the Dutch Lifestyle Concept of Doing Nothing—And You're About to See It Everywhere. *Time.* https://time.com/5622094/what-is-niksen/

18. Benjamin Baird, et al. (2012). Inspired by Distraction: Mind Wandering Facilitates Creative Incubation, *Psychological Science, Volumen* 23, n.° 10 https://doi.org/10.1177/0956797612446024

19. La Escuela de la Vida (2020). *Wu Wei: Do Nothing*, https://www.theschooloflife.com/thebookoflife/wu-wei-do-nothing/

20. Tim Kasser (2002). *The High Price of Materialism* (Bradford Books). Entrevista para *The True Cost*, 2016: https://truecostmovie.com/tim-kasser-interview/

21. «Consume». (2020). Merriam-Webster.com. https://www.merriam-webster.com/dictionary/consume

22. Qing Li (1 de mayo de 2018). Forest Bathing' Is Great for Your Health. Here's How to Do It. *Time.* https://time.com/5259602/japanese-forest-bathing/

23. Tiffany Shlain (2020). *Tech Shabbats, Let It Ripple.* https://www.letitripple.org/about/tiffany-shlain/technology-shabbats/

24. Bessel van der Kolk (2015). *El cuerpo lleva la cuenta: cerebro, mente y cuerpo en la curación del trauma* (Penguin).

25. Patrizia Collard y James Walsh (2008). Sensory Awareness Mindfulness Training in Coaching: Accepting Life's Challenges. *Journal of Rational-Emotive & Cognitive-Behavior Therapy, Volumen* 26. https://doi.org/10.1007/s10942-007-0071-4

26. Jason Crandell (21 de enero 2019). *How Speed Gets Trapped in the Body with Tias Little*, [podcast de Yogaland], https://www.jasonyoga.com/podcast/episode137/

27. Frank Partnoy (2012). *Wait: The Art and Science of Delay*. PublicAffairs.

28-29. Daniel Kahneman (2013). *Thinking Fast and Slow* (Farrar, Straus and Giroux).

30. Frank Partnoy (2012). *Wait*. PublicAffairs.

31. Frank Partnoy (2012). *Waiting Game*. Financial Times. https://1icz9g2sdfe31jz0lglwdu48-wpengine.netdna-ssl.com/wp-content/uploads/2012/08/Novak-Djokovic-Waiting-Game

32. Frank Partnoy (2012). *Act fast, but no first*. Harvard Business Review, https://hbr.org/2012/07/act-fast-not-first

33. Woody Tasch (2010). *Inquiries into the Nature of Slow Money*. Slow Money Institute. https://slowmoney.org/publications/inquiries-into-the-nature-of-slow-money

34. Patrick McGinnis (10 mayo 2004). *Social Theory at HBS: McGinnis' Two FOs*. The Harbus. https://harbus.org/2004/social-theory-at-hbs-2749/

35. Rosie Bell (2019). *JOMO*. BBC. https://www.bbc.com/worklife/article/20190718-jomo

36. Patrick McGinnis y Greg McKeown (23 julio 2020). *Less is More: The Power of Essentialism*. Harvard Business Review. En FOMO Sapiens, T4- E17. https://hbr.org/podcast/2020/07/less-is-more-the-power-of-essentialism

37. George Butterfield (22 de julio de 2020) entrevista con el autor.

38. Exploring your mind (17 de octubre de 2018). *Sawubona: An African Tribe's Beautiful Greeting*. https://exploringyourmind.com/sawubona-african-tribe-greeting/

39. David Robson (2017). *The Astonishing Vision and Focus of Namibia's Nomads*. BBC. https://www.bbc.com/future/article/20170306-the-astonishing-focus-of-namibias-nomads
Jan W. de Fockert et al. (19 octubre de 2011). *Reduced Distractibility in a Remote Culture*. PLoS ONE 6. https://dx.doi.org/10.1371/journal.pone.0026337

40. «Orenda», Merriam-Webster.com. https://www.merriam-webster.com/dictionary/orenda

41. David Robson (2017). *How East and West Think in Profoundly Different Ways*, BBC. https://www.bbc.com/future/article/20170118-how-east-and-west-think-in-profoundly-different-ways

42. Esther Hsieh (1 de noviembre de 2014). Rice Farming Linked to Holistic Thinking. *Scientific American*. https://www.scientificamerican.com/article/rice-farming-linked-to-holistic-thinking/

43. Shane Parrish (2020). *Preserving Optionality: Preparing for the Unknown.* Farnam Street. https://fs.blog/2020/03/preserving-optionality/

44. Frank Trentmann (28 de noviembre 2016). *How Humans Became «Consumers»: A History.* The Atlantic. https://www.theatlantic.com/business/archive/2016/11/how-humans-became-consumers/508700/

45. Dave Donnan (2017). *The Kearney Global Future Consumer Study.* A.T. Kearney. https://www.kearney.com/web/consumers-250/article/?/a/influence-vs-affluence-the-changing-menu-of-food-choices-article

46. Rick Levine et al. (2009). *The Cluetrain Manifesto.* (Basic Books, Edición del 10 ° aniversario).

47. Diane Coyle (2017). Rethinking GDP. *Finance & Development* 54, Volumen 1. https://www.imf.org/external/pubs/ft/fandd/2017/03/coyle.htm

48. The New Citizenship Project. *This Is The #CitizenShift.* https://www.citizenshift.info/

49. Todd Sattersten (2020). *I've been thinking...* (13). https://toddsattersten.com/2020/06/18/ive-been-thinking-13/

50. Laura Huang (2020). *The Well-Balanced Meal MBA Reading List.* https://laurahuang.net/the-well-balanced-meal-mba-reading-list/

51. Bernhard A. Sabel et al. (2018). Mental Stress as Consequence and Cause of Vision Loss. *EPMA Journal. Volumen 9.* https://doi.org/10.1007/s13167-018-0136-8

52. April Rinne. *Handstands.* https://aprilrinne.com/handstands

53. Judi Ketteler (2017). If Life Has You Down, Do a Handstand. *New York Times.* https://www.nytimes.com/2017/05/04/well/move/if-life-has-you-down-do-a-handstand.html

54. Jane Goodall (2015). *Make A Difference.* Institute Jane Goodall, https://news.janegoodall.org/2015/11/16/make-a-difference/

55. Paul Gompers y Silpa Kovvali. The Other Diversity Dividend. *Harvard Business Review.* https://hbr.org/2018/07/the-other-diversity-dividend McKinsey & Company (2020) *Diversity Wins: How inclusion matters.* https://www.mckinsey.com/featured-insights/diversity-and-inclusion/diversity-wins-how-inclusion-matters

56. Joanna Macy (2020). Entering the Bardo. *Emergence Magazine.* https://emergencemagazine.org/story/entering-the-bardo/

57. The School of Life. *History of Ideas: Wabi-sabi,* https://www.youtube.com/watch?v=QmHLYhxYVjA

58. The School of Life (2020). *Filosofía oriental: Kintsugi.* https://www.youtube.com/watch?v=EBUTQkaSSTY

59. David Brooks (2020). This Is How Scandinavia Got Great. *New York Times.* https://www.nytimes.com/2020/02/13/opinion/scandinavia-education.html

60. Manisha Aggarwal-Schifellite y Juan Siliezar (2020). *Three Takes on Dealing with Uncertainty*. Harvard Gazette. https://news.harvard.edu/gazette/story/2020/07/3-takes-on-dealing-with-uncertainty/

61. Amitav Ghosh (2020). *What the West Doesn't Get about the Climate Crisis*. Deutsche Welle (DW). https://www.dw.com/en/amitav-ghosh-what-the-west-doesnt-get-about-the-climate-crisis/a-50823088

62. *The Adventure Diary*, «*Coddiwomple*» (2020). https://adventurediary.co/coddiwomple-definition/

63. Osborn, Nancy (2019, mayo). *The Theory of Coddiwomple*. TED x Orillia, https://www.youtube.com/watch?v=h4ReT52nJA8

64. Edelman. *2020 Edelman Trust Barometer*. https://www.edelman.com/trustbarometer

65. Rutger Bregman (2020). *Humankind: A Hopeful History* (Little, Brown).

66-67. Rachel Botsman (2018). *Trust-Thinkers*. Medium. https://medium.com/@rachelbotsman/trust-thinkers-72ec78ec3b59

68. Jerry Michalski (2020). *Trust Unlocks Creativity (and Genius), Jerry's Brain*. https://bra.in/9v2mVe

69. Jerry Michalski (2018). *Design from Trust*. https://www.youtube.com/watch?v=6di2OBPKmkc

70. Shoshana Zuboff (2019). *The Age of Surveillance Capitalism* (Public Affairs).

71. Además, entre 1978 y 2019, la remuneración de los CEO creció un 1,167 % mientras que la compensación de los trabajadores típicos creció solo un 13,7 % en el mismo período.
Lawrence Mishel y Jori Kandra (2020). *CEO Compensation Surged 14 % in 2019 to \$21.3 Million*. Economic Policy Institute. https://files.epi.org/pdf/204513.pdf

72. Nicholas Bloom et al. (2019). *Better-Managed Companies Pay Employees More Equally*. Harvard Business Review. https://hbr.org/2019/03/research-better-managed-companies-pay-employees-more-equally

73. Oxfam Internacional (2020). *Time to Care*. https://www.oxfam.org/es/press-releases/worlds-billionaires-have-more-wealth-46-billion-people

74. Michalsky, Jerry (2020). *Jerry Michalski on Trust*. ExO World. https://youtu.be/rlo8d7F5hdo?t=256

75. Shoshana Zuboff (2019). *La era del capitalismo de la vigilancia: La lucha por un futuro humano en la nueva frontera del poder* (Paidós).

76. David Gordon White. *The Yoga Sutra of Patanjali: A Biography* (Princeton University Press, 2014).

77. Frits Staal (2009). *Discovering the Vedas: Origins, Mantras, Rituals, Insights* (Penguin Globa).

78. Miguel Ruiz (1997). *Los cuatro acuerdos: Una guía práctica para la libertad personal (Un libro de sabiduría tolteca).* (Amber-Allen).

79. Matthew Wall (2015). *Wikipedia Editing Rules in a Nutshell.* BBC News. https://www.bbc.com/news/technology-32412121

80. Patty McCord (2014). How Netflix Reinvented HR. *Harvard Business Review.* https://hbr.org/2014/01/how-netflix-reinvented-hr

81. Personal de CNN (9 de octubre de 2014). *La filosofía de Doma India.* CNN. https://www.cnn.com/2014/10/09/sport/horse-yoga-argentina/index.html

82. Jerry Michalski (24 de julio de 2019). *Why You Love Design from Trust.* https://medium.com/@jerrymichalski/why-you-love-design-from-trust-f9afdfc08e2e

83. Jerry Michalski (22 agosto de 2016). *Not Naive Trust.* https://www.youtube.com/watch?v=e-2NaSxJPJk

84. Jerry Michalski (2020). *Design from Trust.* https://www.designfromtrust.com

85. Juliet Schor (2010). *Plenitud: La nueva economía de la verdadera riqueza.* (Penguin).

86. Peter Goodman (27 de diciembre de 2017). The Robots Are Coming, and Sweden Is Fine. *New York Times.* https://www.nytimes.com/2017/12/27/business/the-robots-are-coming-and-sweden-is-fine.html

87. Cavenaugh, Kevin (2018, abril). *¿Cuánto es suficiente?* TEDx Talks, https://www.ted.com/talks/kevin_cavenaugh_how_much_is_enough

88. Cavenaugh, Kevin (14 de julio de 2020). Entrevista con el autor.

89. Dotan Leshem (2016). Retrospectivas: Why did the ancient greeks mean by Oikonomia?. *Journal of Economic Perspectives* 30: 225-231, https://pubs.aeaweb.org/doi/pdf/10.1257%2Fjep.30.1.225

90. Robert Reich (25 de junio de 2020). When Bosses Shared Their Profits. *New York Times,* https://www.nytimes.com/2020/06/25/opinion/sunday/corporate-profit-sharing-inequality.html

91. Oxfam Internacional (20 de enero de 2020). *Time to Care.* https://www.oxfam.org/es/press-releases/worlds-billionaires-have-more-wealth-46-billion-people

92. Kate Raworth (2017). *Doughnuts economics: Seven Ways to Think Like a 21st-Century Economist* (Chelsea Green).

93. Daniel Pink (1 de abril de 2010). Drive: The Surprising Truth about What Motivates Us. *RSA.* https://youtu.be/u6XAPnuFjJc

94. Thomas Oppong (23 de abril de 2020). *The hedonic trendmill: Why people are never truly happy and how you can change that.* Mind Cafe. https://medium.com/afwp/the-hedonic-treadmill-dd700137a0ab#:~:text=The%20hedonic%20treadmill%20(also%20known,thing%20that%20is%20eluding%20us.

95. Morgan Housel (2019). *Fat, Happy, and in over Your Head.* Collaborative Fund. https://www.collaborativefund.com/blog/fat-happy-and-in-over-your-head/

96. Joe Pinsker (4 de diciembre de 2018). The Reason Many Ultrarich People Aren't Satisfied With Their Wealth. *The Atlantic.* https://www.theatlantic.com/family/archive/2018/12/rich-people-happy-money/577231/

97. Adam Grant (2013). *Give and Take* (Viking).

98. Rolf Sovik. *Brahmacharya: The Middle Path of Restraint.* Yoga International. https://yogainternational.com/article/view/brahmacharya-the-middle-path-of-restraint

99. Sociedad Cultural U'Mista. *Potlatch.* Living tradition. https://umistapotlatch.ca/potlatch-eng.php

100. Steven Kurutz, (1 de septiembre de 2018). How to Retire in Your 30s with $1 Million in the Bank. *New York Times.* https://www.nytimes.com/2018/09/01/style/fire-financial-independence-retire-early.html

101. Anne Tergesen y Veronica Dagher (3 de noviembre de 2018). The New Retirement Plan Save Almost Everything, Spend Virtually Nothing. *Wall Street Journal.* https://www.wsj.com/articles/the-new-retirement-plan-save-almost-everything-spend-virtually-nothing-1541217688

102. Charlotte Cowles (2019*)*. A FIRE That Burns Too Male and Too White. *New York Times.* https://www.nytimes.com/2019/06/07/business/fire-women-retire-early.html
Vicki Robin (1 de enero de 2019). *My Life with FIRE.* https://vickirobin.com/my-life-with-fire/
Vicki Robin (2008). *Your Money or Your Life* (Penguin).

103. Daniel Cordaro (27 de mayo de 2020). *What If You Pursued Contentment Rather Than Happiness?* Greater Good Magazine, https://greatergood.berkeley.edu/article/item/what_if_you_pursued_contentment_rather_than_happiness

104. Daniel Cordaro.

105. Glennon Doyle (31 de mayo de 2013). *Lessons from the Mental Hospita*l. TEDx Talks. https://www.youtube.com/watch?v=NHHPNMIK-fY&vl=en

106. April Rinne (27 de febrero de 2018). *The career of the future looks more like portfolio than a path.* Quartz at Work. https://qz.com/work/1217108/the-career-of-the-future-looks-more-like-a-portfolio-than-a-path/

107. Bruce Henderson (1 de enero de 1970). *The Product Portfolio.* Boston Consulting Group. https://www.youtube.com/watch?v=EezmRPE3fpQ

108. April Rinne. *Handstands.* https://aprilrinne.com/handstands

109. Lawrence Katz y Alan Krueger (2016). The Rise and Nature of Alternative Work Arrangements in the United States, 1995-2015. *National Bureau of Economic Research Working Paper,* Volumen 22667. https://www.nber.org/papers/w22667

110. Melissa Korn (26 de octubre de 2018). *Some 43 % of College Grads Are Underemployed in First Job.* Wall Street Journal, https://www.wsj.com/articles/study-offers-new-hope-for-english-majors-1540546200

111. Upwork y Freelancers Union (17 de octubre de 2017). *Freelancing in America 2017.* https://www.upwork.com/press/2017/10/17/freelancing-in-america-2017/

112. Upwork y Freelancers Union (3 de octubre de 2019). *Freelancing in America 2019.* https://www.upwork.com/press/2019/10/03/freelancing-in-america-2019/

113. Upwork y Freelancers Union (31 de octubre de 2018). *Freelancing in America 2018.* https://www.upwork.com/press/2018/10/31/freelancing-in-america-2018/

114. Upwork (septiembre de 2020). *Freelance Forward 2020.* https://www.upwork.com/documents/freelance-forward-2020

115. David Graeber (2018). *Bullshit Jobs: A Theory* (Simon & Schuster).

116. Uri Berliner (16 de septiembre de 2020). *Jobs in the Pandemic: More Are Freelance and May Stay That Way Forever.* National Public Radio. https://www.npr.org/2020/09/16/912744566/jobs-in-the-pandemic-more-are-freelance-and-may-stay-that-way-fore

117. David Clifford (24 de septiembre de 2019). *Forget about T-shaped.* We need X-shaped people. TEDx Talks. https://www.youtube.com/watch?v=EezmRPE3fpQ

118. Yukari Mitsuhashi (7 de agosto de 2017). *Ikigai: A Japanese Concept to improve work and life.* British Broadcasting Corporation. https://www.bbc.com/worklife/article/20170807-ikigai-a-japanese-concept-to-improve-work-and-life

119. April Rinne (1 de abril de 2018). *One of Estonia's First 'E-Residents' Explains What It Means to Have Digital Citizenship.* Quartz at Work. https://qz.com/work/1241833/one-of-estonias-first-e-residents-explains-what-it-means-to-have-digital-citizenship/

120. Citado en Thomas L. Friedman (2020). After the Pandemic, a Revolution in Education and Work Awaits. *New York Times.* https://www.nytimes.com/2020/10/20/opinion/covid-education-work.html

121. John Hagel (21 de julio de 2020). *From the Gig Economy to the Guild Economy.* https://www.johnhagel.com/from-the-gig-economy-to-the-guild-economy/

122. Enspiral Network. *Whats Your Meaningful Job To Do In The World?* https://www.enspiral.com/

123. Robert Safian (9 de enero de 2012). *This Is Generation Flux: Meet the Pioneers of the New (and Chaotic) Frontier of Business.* Fast Company. https://www.fastcompany.com/1802732/generation-flux-meet-pioneers-new-and-chaotic-frontier-business

124. Tiffany May (8 de junio de 2018). For Chinese Pedestrians Glued to Their Phones, a Middle Path Emerges. *CNBC & New York Times*. https://www.cnbc.com/2018/06/08/for-chinese-pedestrians-glued-to-the-phones-a-middle-path-emerges.html

125. Common Sense Media (2019). *Media Use by Tweens and Teens*. https://www.commonsensemedia.org/research/the-common-sense-census-media-use-by-tweens-and-teens-2019
Kristen Rogers (20 de octubre de 2019). *US Teens Use Screens More than Seven Hours a Day on Average-and That's Not Including School Work*. CNN Health. https://www.cnn.com/2019/10/29/health/common-sense-kids-media-use-report-wellness/index.html

126. K. C. Madhav, Shardulendra Prasad Sherchand y Samendra Sherchan (16 de agosto de 2017). *Association between Screen Time and Depression among U.S. Adults*. National Institutes of Health. https://www.ncbi.nlm.nih.gov/pmc/articles/PMC5574844/

127. Children's Society. *Safety Net: Cyberbullying's Impact on Young People's Mental Health Inquiry Report*, https://www.childrenssociety.org.uk/sites/default/files/social-media-cyberbullying-inquiry-full-report_0.pdf
DoSomething.Org. *11 Facts about Cyberbullying*. https://www.dosomething.org/us/facts/11-facts-about-cyber-bullying

128. Marti Spiegelman, entrevista con el autor, 9 de octubre de 2020.

129. Spiegelman.

130. Spiegelman.

131. John Bellaimey. The Hidden Meanings of Yin and Yang. TED-Ed, https://ed.ted.com/lessons/the-hidden-meanings-of-yin-and-yang-john-bellaimey

132. Jerry Michalski (2 de junio de 2011). *Why I Do What I Do*. https://www.youtube.com/watch?v=2dx-6I9Sc6A

133. Emma Hinchliffe (2018). The Number of Female CEOs in the Fortune 500 Hits an All- Time Record. *Fortune*, 18 de mayo de 2020. https://fortune.com/2020/05/18/women-ceos-fortune-500-2020/

134. Rachel Vogelstein y Alexandra Bro (22 de mayo de 2020). *Women's Power Index*. Council on Foreign Relations. https://www.cfr.org/article/womens-power-index

135. Heide Goettner-Abendroth (16 de febrero de 2020). *Matriarchies Are Not Just a Reversal of Patriarchies: A Structural Analysis*. Feminism and Religion. https://feminismandreligion.com/2020/02/16/matriarchies-are-not-just-a-reversal-of-patriarchies-a-structural-analysis-by-heide-goettner-abendroth/

136. Nilima Bhat (26 de julio de 2019). *Shakti Leadership: Why lead with only half of your power?* Charla de EVE. https://www.youtube.com/watch?v=BSCgYrC2jO8

137. DQ Institute (16 de septiembre de 2020). Digital Intelligence (DQ). https://www.dqinstitute.org/

138. DQ Institute (16 de septiembre de 2020). Digital Intelligence (DQ) framework. https://www.dqinstitute.org/dq-framework/

139. Brené Brown (14 de febrero de 2019). *Courage: To Speak One's Mind by Telling All One's Heart.*

140. Marti Spiegelman (19 de agosto de 2020). Entrevista con el autor (parte de una conversación de grupo).

141. Marti Spiegelman (9 de octubre de 2020). Entrevista con la autora.

142. Marti Spiegelman (3 de mayo de 2020). *For Our Well-Being, Leading from Being.* https://www.linkedin.com/pulse/our-well-being-marti-spiegelman-mfa/

143. Amishi Jha (marzo de 2017). *How to Tame Your Wandering Mind.* TEDx Talks. https://www.ted.com/talks/amishi_jha_how_to_tame_your_wandering_mind

144. D. M. Wegner (enero de 1994). Ironic Processes of Mental Control. *Psychology Review,* 101, n.º 1. https://doi.org/10.1037/0033-295X.101.1.34

145. Judson Brewer (18 de marzo de 2020). Anxiety is Contagious. Here's How to Contain It. *Harvard Business Review.* https://hbr.org/2020/03/anxiety-is-contagious-heres-how-to-contain-it

146. Lindsay Baker, «Why Embracing Change is the Key to a Good Life» (Por qué aceptar el cambio es la clave de una buena vida), BBC, 8 de octubre de 2020, https://www.bbc.com/culture/article/20200930-why-embracing-change-is-the-key-to-a-good-life (consultado el 7 de noviembre de 2020).

147. Personal de Newsweek (12 de abril de 2008). *Stronger Than Steel,* Newsweek. https://www.newsweek.com/stronger-steel-85533

148. Indigenous Corporate Training (30 mayo de 2020). *What Is the Seventh Generation Principle?* https://www.ictinc.ca/blog/seventh-generation-principle Ken Homer (17 septiembre 2018). *The Seven Generations vs. the Seventh Generation.* Collaborative Conversations. https://www.kenhomer.com/single-post/2018/09/17/The-Seven-Generations-vs-the-seven-generation

149. First People. *Two Wolves: A Cherokee Legend.* https://www.firstpeople.us/FP-Html-Legends/TwoWolves-Cherokee.html

150. Jennifer Mueller (2017). *Creative Change: why we resist it... How we can embrace it.* (Houghton Mifflin Harcourt).

AGRADECIMIENTOS

Este libro ha tardado más de veinticinco años en crearse. Ha sido una alegría, un honor y una aventura escribirlo. Mi agradecimiento a las personas, perspectivas y culturas que han contribuido a darle forma va mucho más allá de estas páginas. Haré todo lo posible por compartir aquí todo lo que pueda: ¡hay mucho *Flux* que recordar!

Este libro nunca habría visto la luz si no fuera por mis padres, Roland Eugene Rinne y Penny Jo (Loffler) Rinne. En la vida y después de ella, han sido mis señales y guías para el cambio. ¿Qué es lo que realmente importa? ¿Qué diría papá? Os echo de menos, y estoy encantada de que *Flux* contribuya a mantener vivos sus espíritus.

Nunca podré agradecer lo suficiente a las personas que me vieron pasar por los momentos más oscuros tras la muerte de mis padres. Por encima de todo, mi hermana, Allison (Rinne) Douglas, fue quien me ayudó a ver lo que es y lo que no es, y hasta hoy es una inspiración inquebrantable. La hermana gemela de mamá, Paula Yingst; la hermana menor, Donna Flinders, y todos los parientes lejanos Loffler me rodearon de amor desde el momento en que recibí la llamada telefónica hasta este mismo día. Mis sobrinas Ella y Amelia mantienen presente el cambio y son las generaciones futuras. Roger y Barbara Rinne y Stefan, Roger y Carolyn Douglas, gracias también.

Mis familias de elección trajeron amor de las maneras más hermosas que jamás podría haber imaginado. Los Raggi-Moores —Judy, Danny, Jessica, Francesca (Nonna) y Frances (Meema)— añadieron una capa completamente nueva de familia, amor y pertenencia. Desde entonces, mi corazón tiene un lugar seguro donde aterrizar. Linda Nelson, Steve y Terry Casey, y el No More Cru me mostraron que el amor y la alegría pueden aparecer en cualquier lugar. Baine y Sally Kerr me enseñaron lo que significa empoderar a los demás y me dieron una primera visión para escuchar mi voz interior. Los amigos más íntimos de mamá y papá se encargaron de vigilarme y de mantener vivos los recuerdos de mis padres.

Mi padre era profesor y mi mejor amigo. Tuve la suerte de tener varios profesores desde el principio que vieron mi potencial (incluso cuando yo misma tenía dificultades para verlo) y a los que admiré (hasta cuando me parecía que la vida me despreciaba). Desde la escuela primaria hasta la facultad de derecho, y tanto dentro como fuera del aula: Karen Crosson, Patty Weed, Thomas Lancaster, Priscilla Echols, Jody Usher, Ngaire Woods, Elizabeth Warren, Jonathan Zittrain, Jon Hanson y Laurent Jacques alimentaron mi curiosidad, me animaron a ver lo que había más allá del examen o del título de la clase y, a su manera, me ayudaron a sentar las bases para que surgiera mi nuevo guion.

Ahora entiendo por qué los autores hablan de «dar a luz» un libro: las ideas se gestan, la escritura es a la vez un trabajo y una gran alegría, y el resultado final es un acto de amor que te cambia para siempre. No puedo imaginar tener mejores compañeros de parto que el equipo de Berrett-Koehler. BK representa cómo debe publicarse. Steve Piersanti es el editor que sueña cualquier autor. Pasó (según mis cálculos) cientos de horas ayudando a hacer más fuerte este manuscrito, y en cada ronda de revisiones me abría más los ojos al potencial del libro. Jeevan Sivasubramaniam, Katie Sheehan, Kristin Frantz, Valerie Caldwell: ¡el equipo ideal de BK! Gracias a todos. Mark Fortier y Jessica Pellien, gracias por ayudar a presentar *Flux* al mundo con extraordinaria amabilidad, ingenio y astucia. Elan Morgan, Debbie Berne y Joaquín González Dorao, gracias por vuestra creatividad y capacidad de visualizar mis ideas *fluxy* para compartirlas con el mundo. Ariane Conrad, Ed Frauenheim, John Kador, Stewart Levine, Tim Brandhorst, Carla Banc, el equipo de TEDx Frankfurt y la comunidad de autores de BK: gracias por ser también catalizadores de este viaje.

La salud mental ha desempeñado un papel sutil y no tan sutil en estas páginas, tanto a nivel personal como en mi percepción de una sociedad más amplia que reconoce los cambios. Ross Cohen, Bryna Livingston y Marlys Kvsager, gracias de todo corazón. Gracias de todo corazón también a la comunidad YoYoYogi por abrir la puerta a la filosofía del yoga en este mundo actual en cambio. Alex, Terri y Kristi Cole, Tori Griesing, Isabel Allen, Galen Fairbanks y Rachel Meyer, sois lo máximo.

Siempre he procurado tener colegas que, además, sean amigos: personas que se preocupan por los demás más allá de la tarea que tienen entre manos y que celebran la trayectoria vital de cada uno a medida que se desarrolla. Mis colegas de la Agencia Harry Walker personifican este afecto. Don y Ellen Walker, Amy Werner, Meghan Sheehan, Lily Winter, Tiffany Vizcarra, McKinsey Lowrance, Nicki Fleischner, Elizabeth Hernández, Carolyn Boylan, Molly Cotter, Emily Trievel, Beth Gargano, Suzanne Manzi, John Ksar, Rubén Porras-Sánchez, Gus Menezes, Mirjana Novkovic, Dana Quinn, Miranda Martin: ¡gracias a todos (y a todos los que se me hayan pasado)!

Mi carrera me ha permitido crear una comunidad profesional más diversa de lo que habría sido de otro modo. Estos colegas me han proporcionado un asiento de primera línea para poder ver los cambios en más sectores y organizaciones de los que podría haber conseguido por mi cuenta, y me han ayudado constantemente a ampliar mi mente, a cuestionar mis propias suposiciones y a seguir el ejemplo. A lo largo de los años, muchos de mis colegas de Airbnb, Allen & Overy, AnyRoad, Butterfield & Robinson, Institute for the Future, Jobbatical, nexxworks, Sharing Cities Alliance, Trōv, Unsettled y Water.org se han convertido también en amigos muy queridos. ¿Cambio? ¡Que venga!

Ninguna comunidad ha tenido un efecto más significativo en mi viaje personal y profesional a través del cambio que los Jóvenes Líderes Globales del Foro Económico Mundial. Los YGL son una fuente inagotable de inspiración, así como una placa de Petri para lo que importa (y lo que no). Estoy segura de que se me escapan algunos que deberían ser mencionados, pero aquí está la lista que he hecho —con mis mejores esfuerzos— de los YGL que ayudaron a traer este libro a la vida, directa o indirectamente: Hrund Gunnsteinsdóttir, Geraldine y James Chin-Moody, Lisa Witter, Niko Canner, Raju Narisetti, Amy Cuddy, Elaine Smith, Brett House, Valerie Keller, Nilmini Rubin, Binta Brown, Aaron Maniam, Nili Gilbert, Robyn Scott, Kristen Rechberger, Enric Sala, Dave Hanley, Geoff Davis, Julia Novy-Hildesley, Ailish Campbell, Peter Lacy, David Rosenberg, Cori Lathan, Adam Werbach, Adam Grant, Drue Kataoka, Lucian Tarnowski, Hannah Jones, Ian Solomon, John McArthur, Werner Wutscher, Eduardo Cruz. Todos sois luces del cambio. Y al equipo de YGL de ayer y hoy: John Dutton, Mariah Levin, David Aikman, Eric Roland, Kelsey Goodman, Merit Berhe, Shareena Hatta... gracias por reunirnos a todos.

Son muchas las personas que han aportado ideas, comentarios, perspectivas e inspiración, a veces sin saberlo, y que han contribuido a la realización de este libro. Marti Spiegelman, Kevin Cavenaugh, Heather McGowan, Mara Zepeda, Vanessa Timmer, Juliet Schor, Gary y Heidi Bolles, Julie Vens de Vos, Peter Hinssen, George Butterfield, David Kessler, David Nebinski, Allegra Calder, Mike Macharg, Estee Solomon Gray, Astrid Scholz, Manisha Thakor, Jonathan Kalan, Michael Youngblood, Karoli Hindriks, Jerry's Retreaters, y los grupos Relationship Economy eXpedition (REX) y Open Global Mind (OGM), que me han aportado sus ideas e inspiración durante muchos años, así como durante el proceso de redacción. Joy Batra, Saskia Akyil, Anne Janzer, Chris Shipley, Laura Fronckiewicz, Ann Lemaire, Clark Quinn, Rollie Cole y Stephi Galloway han contribuido con sus valiosos comentarios al borrador de mi manuscrito. Mis queridos amigos Marta Zoppetti, Daniela Gangale, Jay Turner, Sharon Jones, Jenny Ellickson, Jane Stoever, Anna Tabor, Jen Harrison, Trisha Anderson, Lea Johnston, Gaurav Misra, Noah Messing, Stirling Spencer, y los maravillosos miembros de la Middle Common Room del University College (MCR) en 1993-1994 que me animaron desde antes de que yo supiera que este libro vería la luz. Suspiro porque ahora es cuando empiezo a preocuparme de verdad por dejar a alguien fuera.

Puse en marcha el Flux Mindset eXplorers Club (FMXC) como una búsqueda de colaboración para transitar por el flujo. El FMXC sigue siendo una fuente inagotable de alegría, diversidad, exposición, aprendizaje y participación conjunta. Muchas gracias a todos y cada uno de sus miembros (si quieres unirte, entra en fluxmindset.com y regístrate).

Por último, aunque en muchos sentidos es lo primero, gracias a Jerry Michalski en más formas de las que puedo contar. Gracias por creer en mí, por tu apoyo y amor inquebrantables, por entender mis peculiaridades (a menudo mejor que yo), por

SOBRE LA AUTORA

APRIL RINNE lleva tejiendo la historia de cómo transitar por el cambio, personal y profesional, desde que tiene uso de razón. *Flux: 8 superpoderes para prosperar en el cambio constante* es el recipiente que contiene esta historia y que proyecta una visión más amplia para toda la humanidad.

Su perspectiva se entiende mejor a través de tres puntos de vista sobre el cambio: como futurista y asesora de confianza; como ciudadana del mundo, aventurera y conectora cultural; y como huérfana y persona que lleva toda la vida estudiando la ansiedad.

April pasó la primera mitad de su carrera centrada en el desarrollo global y la inclusión financiera, y la segunda mitad en la «nueva» economía digital y el futuro del trabajo. A lo largo de más de dos décadas, ha visto venir las tendencias emergentes, entiende su potencial y ayuda a otros a hacer lo mismo. Por ejemplo, April estuvo a la vanguardia de la microfinanciación, la inversión de impacto, la economía colaborativa, el trabajo y las carreras profesionales a distancia.

En la actualidad, April es una aclamada futurista, una conferenciante muy solicitada y asesora de confianza, especialmente conocida por su papel de puente, tanto entre empresas emergentes y gobiernos como entre ejecutivos y clientes, entre rendimientos financieros y sociales, entre modelos de negocio basados en el rendimiento y los basados en el beneficio, entre países desarrollados y en vías de desarrollo, y entre los que están entusiasmados con el cambio y los que se resisten. April actúa según predica: se opone a los convencionalismos, mira de forma diferente la realidad y busca constantemente aumentar su capacidad para ayudar a los demás a reformar su relación con el cambio.

Su trabajo y los viajes por más de cien países le han ofrecido un asiento de primera fila para asistir al cambio tanto a nivel local como mundial. Esto incluye la mayor parte de los cuatro años que pasó en solitario, viajando sin dirección permanente con una mochila y un insaciable deseo de comprender mejor cómo vive el resto del mundo. El cambio es universal; la forma de afrontarlo, no.

Desde casos relativamente pequeños en que fluyó, como una noche en Indonesia que no sabía dónde dormiría o cuando fue retenida a punta de pistola en Bolivia, hasta problemas mucho más grandes (y a menudo sin fronteras) al afrontar cómo está afectando el cambio climático a las mega ciudades de África o que la banca móvil ayuda a reducir la desigualdad en América Latina. Así April ha visto de primera mano cómo diferentes lugares y culturas se enfrentan al cambio. Se siente tan cómoda en Davos como hablando con prestatarios de microfinanzas en un suburbio. «Se pierde» constantemente (¡a propósito o no!), «empieza con confianza» siempre que puede, y sabe que es «suficiente» en parte gracias a la observación de cómo otras culturas viven de forma más sostenible.

Sin embargo, son las experiencias que no figuran en su currículum las que más han influido en su búsqueda de la comprensión del cambio. Cuando April tenía veinte años, sus dos progenitores murieron en un accidente de coche, lo que la sumió en un mundo de cambios. Dejó de lado sus expectativas para poder hacer frente a las secuelas, y finalmente se dejó llevar hacia donde pensaba que debía desarrollarse su propio futuro. Ya había luchado contra la depresión, pero ahora su ansiedad se disparó. Su deseo de reconstruir la familia, junto con su esperanza de vivir una vida con significado y su hambre de darle sentido a todo, convirtieron a April en una defensora de la salud mental y la humanidad durante toda su vida. *Flux* está salpicado de sus historias personales, reflexiones y observaciones que subrayan la naturaleza fundamentalmente humana del cambio... y que la mejor manera de superar todo este cambio es juntos.

April es licenciada en Derecho por la Facultad de Derecho de Harvard, tiene un máster en Negocios y Finanzas Internacionales por la Fletcher School de la Universidad de Tufts y una licenciatura en Estudios Internacionales e Italiano *summa cum laude* por la Universidad de Emory. Fue becaria Fulbright y estudió en la Universidad de Oxford, la Harvard Kennedy School of Government y el Instituto Universitario Europeo. Es una de las cincuenta futuristas más importantes del mundo, una de las primeras residentes electrónicas de Estonia y, para equilibrar, también es profesora de yoga titulada. En 2011, el Foro Económico Mundial la nombró Joven Líder Global. Para obtener más detalles e inspiración, incluyendo verla hacer el pino por todo el mundo, visite aprilrinne.com y fluxmindset.com.

Ecosistema digital

Floqq
Complementa tu lectura con un curso o webinar y sigue aprendiendo.
Floqq.com

Amabook
Accede a la compra de todas nuestras novedades en diferentes formatos: papel, digital, audiolibro y/o suscripción.
www.amabook.com

Redes sociales
Sigue toda nuestra actividad. Facebook, Twitter, YouTube, Instagram.

EDICIONES URANO